Thorsten Riewesell

**ED!T!ON ENDEAVOUR: Themen**

# Mit allen Sinnen

**Christsein erleben - den Lebens-Sinn entdecken**

BORN-VERLAG

**Impressum**
© 2004 **BORN**-VERLAG, Kassel
Printed in Germany


Umschlag: Dieter Betz Design-Kommunikation, Friolzheim
Satz: Claudia Siebert, Kassel
Druck: Werbedruck GmbH Horst Schreckhase, Spangenberg

ISBN: 3-87092-358-X
*Bestellnummer: 182.358*

Unser Verlagsprogramm im Internet: **www.born-buch.de**.
Hier gibt es auch weitere Titel der Reihe ED!T!ON ENDEAVOUR.

# Inhaltsverzeichnis



## Über den Autor

Der Autor Thorsten Riewesell arbeitete einige Jahre als Projektmanager im Automobilbereich, bevor er auf ein Theologisches Seminar wechselte.
Heute lebt er mit seiner Frau Miriam und den Kindern Annika und Joshua in Kaufungen bei Kassel und arbeitet beim Deutschen EC-Verband als Referent für Jugendarbeit.

# Hallo!

Herzlichen Glückwunsch zu dieser **sinn**-vollen Arbeitshilfe!

Ich bin absolut fasziniert, wie genial Gott unsere **Sinne** gemacht hat und wie sie funktionieren. Wer sich etwas mehr mit ihnen beschäftigt, kommt schnell ins Staunen über das gewaltige Wunderwerk Gottes.
So kommt man ganz leicht über die fünf **Sinne** zum Schöpfergott und damit auch zu unserem Lebens-**Sinn**.

In den sechs Einheiten dieses Themenheftes möchten wir dich mit auf die Reise der Sinne zu deinem Lebenssinn nehmen und hoffen, dass du und deine Teilnehmer in allem und über allem Gott entdecken werdet.
Jede Einheit bietet eine Menge Stoff für den Einsatz: Es gibt jeweils eine Bibelarbeit, die durch weitere Andachtsentwürfe, Gedichte und Bilder ergänzt wird. Dazu kommen Spielideen sowie Entwürfe für Workshops und Seminare.

Benutz diese Arbeitshilfe zum Beispiel für eine Themenreihe in deinem Teen- oder Jugendkreis oder auch als Steinbruch für Freizeiten!

Gott mit dir in allen Vorbereitungen!

Thorsten Riewesell

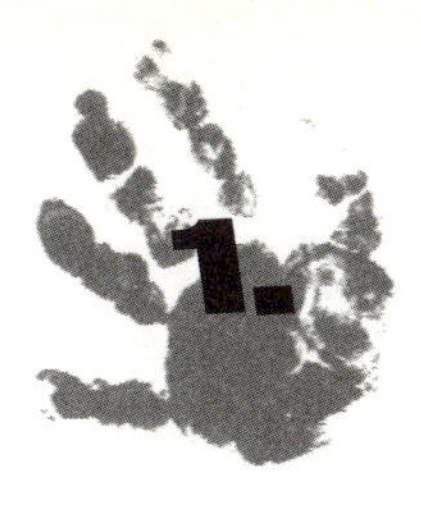

# 1. Eine echte Augen-Weide

## 1.1 Bibelarbeit konkret: Jesus sah jemanden am Zoll sitzen *(Mk 2,13-17)*

**Zielaussage:** Jesus sieht dein Potenzial und will es mit dir entfalten; Jesus sieht deine Wunden und möchte dich heilen.

**Möglicher Ablauf:**

1. Lieder
2. Brillen-Spiel
3. Lied
4. Wahrnehmungsübungen
5. Kurze Szene
6. Verkündigung
7. Gruppenphase mit Fragen
8. Ergebnisse der Gruppen „sichtbar" machen, z.B. auf Plakate, Flipchart
9. Gebet / Lied
10. Zum Mitnehmen: Brille mit Bibelvers

### Kurze Szene

*Beim Augenarzt. Ein Patient kommt herein. Er hat Tomaten auf den Augen (gebastelte Tomaten-Brille). Der Augenarzt bittet den Patienten von folgender Tafel abzulesen:*

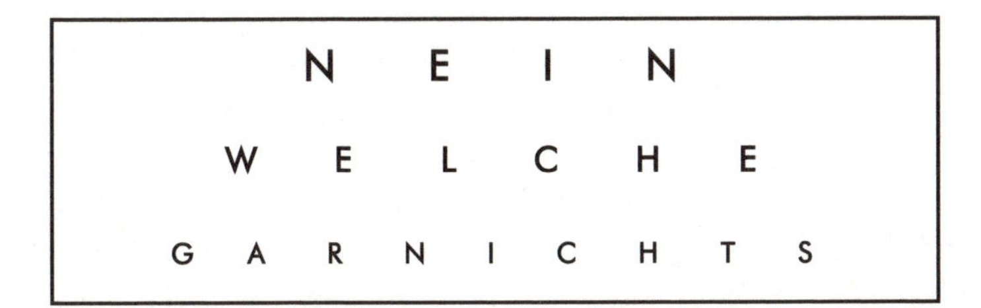


Arzt: Können Sie die erste Zeile lesen?
Patient: NEIN!

Arzt: Sehr gut, sogar in einem Zug! Und wie ist das mit der zweiten Zeile, können Sie die auch noch erkennen?
Patient: WELCHE?
Arzt (fasziniert): Na, wunderbar und so flüssig! Nun wird es aber schwierig. Was erkennen Sie in der untersten, kleinsten Zeile?
Patient: GAR NICHTS.
Arzt: Donnerwetter! Sie haben ja Adleraugen! Unerklärlich, warum Sie bisher keinen Führerschein machen durften. Sie brauchen keinerlei Sehhilfe. Gratulation zu Ihren Augen, das sieht man wirklich selten!

## Verkündigung - Markus 2,13-17

Da saß er, der Zöllner Levi, am Zollhaus - nicht ahnend, dass sich in den nächsten Minuten sein ganzes Leben komplett verändern würde. Da kommt Jesus, dieser Wanderprediger, vorbei und sieht Levi.
Oh, dieses Sehen ist kein einfacher Blick, dieses „Sehen Jesu" ist immer ein Blick hinter die Fassaden, ein Blick mitten ins Herz des Levi. Und dann geht alles ganz schnell. Jesus hält die kürzeste Evangelisation aller Zeiten, drei Worte an Levi, der fortan Matthäus heißt: *„Folge mir nach!"*
Es bleibt gar nicht die Zeit zum Philosophieren oder Diskutieren. Matthäus steht augenblicklich auf und folgt Jesus nach. Wahnsinn! Begreifst du das?
Jesus **sieht** Matthäus. Jesus **sieht** das leere, kaputte Herz und Leben, das Matthäus hat. Jesus sieht aber auch das große Potenzial in ihm. Er weiß, dass dieser Zöllner, der eben noch da am Zollhaus saß, einmal einer der größten und bekanntesten Schriftsteller wird; dass er einmal einen gewaltigen Bericht über das Leben Jesu schreiben wird, der Milliarden von Menschen zur Rettung wird. Jesus sieht beides in Matthäus und auch in dir. Er **sieht** dein Herz, er **sieht** dein Potenzial, deine Möglichkeiten. Du bist für ihn eine Augen-Weide, auf der es viel zu entdecken gibt.

In Matthäus läuft in Sekundenbruchteilen sein **Lebensfilm** ab: „Was war bisher? Was habe ich gelebt? Ja, ich habe mir hier als Zöllner eine goldene Nase verdient, ich habe ein Wahnsinnshaus und kann mir alles leisten - ich lebe in dieser zentralen Stadt mit den vielen Kreuzungen wie eine Made im Speck."
Aber - und diese Erfahrung macht nicht nur Matthäus -, Reichtum, Wohlstand, goldene Nasen sind keine Garanten, sondern eher Gefahren für ein erfülltes und sinnvolles Leben. Es ist Zeit für einen Cut, wenn sein Lebensfilm nicht zu einer billigen Tragödie werden soll. Sein Leben war eine Animation, ein Trickfilm voller Tricks und Betrügereien. Eine Animation, eine künstliche Welt, die aber nur

vom menschlichen Geist getragen wurde. In Jesus trifft er echtes Leben und an Jesus erkennt er, was seinem Leben schon so lange fehlt.
Bei allem Zaster fehlt etwas. Das Portemonnaie kann sich alles kaufen, aber es rauscht durch das Herz, es erfüllt es nicht, sondern hinterlässt nur noch mehr eine tiefe Leere und Sinnverlorenheit.

**Heartcheck:** „Was war? Was hat mir das Leben in Saus und Braus gebracht? Wie sieht mein Herz aus? Will ich so wirklich bleiben und leben?"
Und dann ist da dieser Jesus. Er lebt anders, er redet anders. Er hat ganz andere Ziele. Er kennt mich - ich fühle mich durchschaut und angenommen zugleich. Er ist meine Chance, aus diesem kaputten Leben auszubrechen und endlich ein erfülltes Leben zu leben.

Matthäus steht auf. Ja, noch mehr. Das Wort *„anastas"*, das im griechischen Text steht, ist angelehnt an das griech. Wort *„anastasis"* = Auferstehung. Das wird spürbar. Matthäus steht nicht nur einfach auf, er aufersteht. Er lässt ein totes, kaputtes Leben im Zöllnerstuhl zurück. Er steht auf. Er erhebt sich aus allem, was ihn gefangen hielt. Er aufersteht. Was vorher war, war tot - was kommt, ist erfülltes, echtes Leben, das auch den Namen „Leben" verdient.

Matthäus folgt Jesus nach. Er richtet sich auf und wird aufrichtig. Sein ganzes korruptes Leben, seine Betrügereien im Dienste der Römer - er hat genug davon, er sucht die Freiheit, er sucht das Leben -, das ist seine Chance! Er aufersteht - er wird aufrichtig. Er lernt ganz neu den aufrechten Gang, befreit und ehrlich durchs Leben zu gehen und aufrichtig zu sein.
Vielleicht gibt es diesen homo erectus, diesen wirklich aufrecht gehenden Menschen, nur in der Beziehung zu Jesus. Luther sagt, dass der Mensch von sich aus verkrümmt ist in seiner Seele - Befreiung und Entfaltung erfährt er erst in der umwälzenden und befreienden Begegnung mit Jesus. Matthäus aufersteht! Endlich aufrichtig! Endlich muss er sich und anderen nichts mehr vormachen. Er braucht keine Fassade mehr vor sein eigentliches Gesicht zu halten - er darf frei sein!

Immer wieder müssen wir schmerzhaft miterleben, wie es ist, wenn auch bei Menschen in der Öffentlichkeit die scheinbar saubere Fassade zerbricht. Besonders schlimm, wenn man sich dann nirgends mehr getragen und gehalten weiß, wenn man dann nicht um den weiß, der Herzen und Leben heilen kann, und nur noch im freien, tödlichen Fall einen Ausweg sieht.
Der Steuereinnehmer Matthäus ergreift die Chance seines Lebens. Er übergibt das Steuer seines Lebens an Jesus. An dieser Kreuzung ist er gefragt und er gibt

alles ab an den einen, der wirklich retten kann: JESUS. Der Grenzer macht den entscheidenden Sprung über die Grenze. Der Zöllner Matthäus macht seine erste und mit Sicherheit wichtigste Steuererklärung: Er erklärt, dass sein Lebenssteuer von nun an in Jesu Händen liegt.

Was passiert jetzt? Etwas ganz Wichtiges! Matthäus macht seine Entscheidung öffentlich. Seine Lebenswende soll gefeiert und öffentlich werden. „Ich habe bei Jesus festgemacht" - und darum wird jetzt auch ein Fest gemacht. Denn er hat allen Grund dazu. Er hat gerade die wichtigste und genialste Entscheidung seines Lebens getroffen - das muss man doch feiern, oder?
Wenn man seiner Frau sein „Ja" gibt - und sie einem ihr „Ja" - dann wird natürlich groß gefeiert. Hochzeit nennt man das. Diese Hochzeit, dieses große, tolle und offizielle Fest macht deutlich: Wir freuen uns riesig aneinander und auf das Leben vor uns und wir gehören ab sofort zusammen und sind ein Team.

Matthäus feiert so auch sein Fest: sein „Ja" auf Gottes großes „Ja" zu ihm. Er feiert, weil er sich riesig auf das neue Leben freut, das mit Jesus vor ihm liegt, und er feiert, weil er damit auch allem anderen, was ihn vorher ausmachte (Geld, Macht, Intrigen), eine Absage erteilt. Dieser Schritt muss klar und öffentlich geschehen und nicht irgendwo nur für sich und klammheimlich.
Matthäus fühlt sich wie neugeboren. Er wurde reanimiert, d. h. der Geist Gottes, den Gott den Menschen bei der Schöpfung gab und der durch den Sündenfall verschüttet wurde, wird neu geschenkt. Das kaputte Herz, aus dem das Leben immer nur herauslief, wird geheilt und kann so endlich auch erfüllt werden.

Dieser Matthäus macht den Schritt nicht nur öffentlich, er hat auch später noch als renommierter Jünger Jesu keine Scheu zu betonen: „Ja, ich bin es, der ehemalige Sünder Matthäus." Die Evangelisten Lukas und Markus, die auch von dieser Wende berichten, wollen den großen Jünger Matthäus schonen und nennen ihn nur mit seinem alten Namen „Levi" und auch in späteren Jüngerlisten vermeiden sie es zu erwähnen, dass Matthäus ein Zöllner war. Matthäus selbst hat keine Scheu. So wie er hier aufsteht, so steht er auch gerade für das, was er war: „Ja, ich war ein Zöllner, ich war meilenweit weg vom normalen religiösen Leben. Ich war zwar reich und mächtig, aber religiös verachtet. Aber wenn Jesus sogar für mich noch einen Blick übrig hatte, wenn er sogar mich zu einem seiner engsten Vertrauten und Jünger macht, dann kann er das auch mit dir."
Mit dem neuen Namen Matthäus benennt er, was geschehen ist. Der Name bedeutet Geschenk Gottes. Was ihm an dieser Stelle passierte, das war ein reines Gnadengeschenk Gottes und Matthäus nutzt die Chance zu einem Neubeginn.

Matthäus, der Zöllner, nutzte seine Begabung zur Sorgfalt, um einen der wichtigsten Berichte der Menschheit zu schreiben - das Matthäusevangelium.

Matthäus feiert sein Fest. Er lädt selbstverständlich die alten Kollegen ein - viele Fromme sind da nicht gerade dabei. Er lädt Jesus und seine Jünger ein - sehr zum Ärger der frommen Oberschicht.
Man tut sich oft nicht ganz leicht, fromme und nichtfromme Freunde zu einer gemeinsamen Party einzuladen. Matthäus ist ein Beispiel. Ganz selbstverständlich lädt er seine alten Kollegen ein - gerade sie sollen erfahren, welch eine lebensverändernde Entscheidung er getroffen hat und wie ihn das erfüllt.
Den frommen Pharisäern stinkt das gewaltig. Mit dem Sünderpack gibt sich dieser Jesus ab?! Mit den Betrügern, mit denen, die mit den Römern unter einer Decke stecken - unglaublich?!
Doch Jesus macht es ganz klar: Sein Auftrag von Gott gilt denen, die sich nicht zu fein sind, ihre Krankheit zu sehen und um Heilung zu bitten. Die Krankheit der frommen Pharisäer ist die fehlende Barmherzigkeit. Sie geben ihre Opfer so, als würden sie dreimal täglich Anti-Sünden-Pillen schlucken und könnten deshalb auf den Arzt verzichten. Jesus kommt für die, die ehrlich genug sind, hinter ihre eigene Fassade zu schauen, und sich nach Heilung sehnen.

Denkst du manchmal wie jene Pharisäer: „Ich bin doch schon irgendwie lange dabei, in der Jugendarbeit aktiv. Ich brauche doch keinen Arzt und Evangelisationen sind doch nur für die anderen." Doch Gott durchbricht die Fassaden - er zeigt, wer du hinter deiner Fassade bist. Das kann an solch einem Abend sein, an dem du dich aufrichtest und Jesus neu das Steuer deines Lebens übergibst. Öffentlich!
Wir brauchen den Arzt. So wie ein Körper immer wieder krank wird und schwächelt, fängt sich auch das Herz Viren ein, die die Beziehung zu Gott schwächen. Wir brauchen immer wieder das Bekenntnis unserer Schuld und die Heilung durch Gott selbst.

Jesus erzählt etwas später ein Gleichnis, in dem ein Pharisäer und ein Zöllner den Tempel betreten. Während sich der Zöllner weiter hinten aufhält und nur sagen kann „Gott sei mir Sünder gnädig!", stolziert der Fromme vor Gott und dankt ihm, dass er nicht so ist wie jener Zöllner. Jesus macht deutlich: Nur wer ehrlich sein Herz öffnet, kann auch geheilt werden. Logisch, oder?

Jesus geht heute an deinem Stuhl vorbei. Und er lädt dich ein: Folge mir nach! Es ist Zeit für den Heartcheck, es ist Zeit sich aufzurichten, es ist Zeit für eine neue

Steuererklärung. Wie sieht dein Herz aus? Ist es erfüllt? Schlägt es für Gott und deine Menschen um dich her? Trägt es Liebe, die nicht egoistisch getrieben ist? Wem gehört das Steuer deines Lebenswagens? Und welchen Platz nimmt Jesus darin ein?
Ein Sprichwort sagt: „Der Mensch bringt täglich seine Haare in Ordnung, warum so selten sein Herz?" Ich weiß nicht, ob du deine Haare täglich in Ordnung bringst, aber wie oft stehst du mit offenem Herzen vor dem Spiegel? Und zwar ehrlich?

Jesus sagt heute: „Steh auf, wenn du das Leben willst! Wenn du ehrlich wirst, dein Herz mit allen Wunden und Vergiftungen siehst und dich nach Heilung sehnst!" Ein Aufstehen, ein Aufstand gegen das sinnlose Leben - gegen das „Es wird schon irgendwie gehen" -, gegen den Stillstand im Glauben.

### Aufgaben für die Gruppenphase:

- **Überraschungsei:** Jeder Teilnehmer bzw. die Gruppe erhält ein Ü-Ei. Versuche daran zu erklären, wie wir Menschen uns sehen und wie Gott uns sieht. Vgl. dazu 1. Samuel 16,7. *(siehe auch Gegenstandsandacht, Seite 16)*
- **Gestaltet eine Collage aus Fotos:** Menschen, die im Blickpunkt der Öffentlichkeit stehen, aber auch Menschen am Rande der Gesellschaft. Wie nehmen wir diese Menschen wahr, wie würde Jesus sie wohl sehen? WWJS = What would Jesus see?
- **Wie verändert Jesu Blick das Leben von Matthäus (Levi)?** Wie kann dieser Augen-Blick Jesu unser Leben verändern? Wie kann er unsere Wahrnehmung anderer Menschen verändern?
- **Der König David übergibt Gott sein Herz neu** (Psalm 51,12-14): Wie kann eine solche Steuer-Erklärung in deinem Leben aussehen?

## 1.2 Andachten und Entwürfe

### Gedichtsandacht

Du kannst dir eines der folgenden Gedichte auswählen oder alle auf einmal. Was wird darin über unsere und Gottes Wahrnehmung ausgesagt? Wie können wir uns von Gottes Augen leiten lassen?

## Im Traum

Ich hatte ihn gleich abgeschrieben
So schäbig und dreckig wie er war
Den kann doch keiner lieben
Mit seinem langen filzigen Haar

So sah ich ihn und ging vorüber
Und dachte lächelnd noch bei mir
Gott hat mich doch viel lieber
Als diesen alten Penner hier

Ich geh in Schlips und Kragen
Meinen Weg durch diese Welt
Hab einen guten Wagen
Und keine Nöte mit dem Geld

Erfolgreich im Beruf
Von Freunden anerkannt
Ein Mann mit gutem Ruf
Immer hilfreich und galant

Nie vergess' ich jene Nacht
Die nach jenem Tage kam
Als Gott in seiner Macht
Mir meine Täuschung nahm

Im Traum stand ich vor Gottes Thron
Sah um mich Engel schweben
Ich dachte an den Himmel schon
Als Belohnung für mein Leben

Doch als Gott dann zu mir sprach
Und mir zeigte wer ich war
Als die Eitelkeit zerbrach
Sah ich endlich wieder klar

Mein Atem stockte als ich sah
Wer da am Throne Gottes stand
Der schäbige Alte war wieder da
Den ich so belächelnd fand

Meine Knie gaben nach - ich fiel
Grub mein Gesicht in meine Hände
Welch verlorenes Gefühl
War das denn jetzt das Ende

Dunkelheit in meinem Raum
Um mich herum kein Laut
Ich bin erwacht vom Traum
Mit Schweiß auf meiner Haut

Gott sprach zu mir in jener Nacht
Und hat mir viel gegeben
Denn erst im Traum bin ich erwacht
Zu einem neuen Leben

## Augen-Blicke

Zwei Augen-Blicke treffen ihn
Der Meister schaut ihn an
Er, der eben noch so mutig schien,
Hört schweigend jetzt den Hahn

Er war ein Mann der Taten
Gelobte Treue bis zum Tod
Nun hat er dreimal ihn verraten
Noch vor dem Morgenrot

Er hält den Blicken nicht mehr stand
Rennt los ganz ohne Ziel
Es war an irgendeiner Wand
Wo er zu Boden fiel

Seine Haut ist wohl das Salz gewöhnt
Nur das nicht seiner Tränen
An die Mauer angelehnt
Schreit er hinaus sein Sehnen

„Oh Herr, Gott meiner Väter
Vergib in deiner Gnad
Mir elendem Verräter,
Das was ich sprach und tat"

**Ich seh dein Bild**

Gott schuf den Menschen sich zum Bild
Ich frag mich ob das allen gilt
Trägt jeder Mensch sein Bild bis heute
Und ich besah mir ein paar Leute

Ich sah Einstein er trug das Schild
„Ich bin Gottes Ebenbild"
Wer hätte nicht im Intellekt
Gottes Ebenbild entdeckt

Ich sah einen Sportler mit dem Schild
„Ich bin Gottes Ebenbild"
Und bei der Stärke leuchtet ein
Dieser wird es wirklich sein

Ich sah auch Hitler mit dem Schild
Drauf stand „Gott ist mein Ebenbild"
Mit Macht brachte er Feinde aufs Schafott
Und mancher sah wohl in ihm Gott

Dann sah ich den Papst mit diesem Schild
„Ich bin Gottes Ebenbild"
Er ist ein geistlich Oberhaupt und was
Er sagt, das gilt, so wohl auch dies
Er ist Gottes Ebenbild

Und ich sah noch einen Wirtschaftsboss
Der sich das Schild in Silber goss
Mit Macht führt er das Imperium voran
Logisch, dass der nur Gottes Ebenbild
Sein kann

Dann sah ich den Bettler sitzen
Und sich den Spruch in Holz einritzen
Arm hungrig und allein
Will er ein Abbild Gottes sein?

Ich sah auch einen Kranken
Dessen Kleider muffig stanken
So verkrüppelt und verlassen
Will er nicht ins Bild mehr passen

Dann sah ich Mörder Diebe und
Verbrecher
Verräter Betrüger andre Schächer
Und ich schrie zu Gott: Nein nein
Diese können doch dein Bild nicht sein

Dann sah ich die Huren dieser Welt
Und ihr Leib verdient ihr Geld
Und ich schrie im grellen Neonlicht
Findet sich dein Bild doch nicht

Dann sah ich Christus in aller Pracht
Sein Glanz durchbrach die letzte Nacht
Und eine Stimme sprach ganz mild
Dies ist Gottes Ebenbild
Ja, gerade wollte ich ihn loben
Da hatte sich das Bild verschoben
Und ich sah nur noch das Opferlamm
Blutig und zerfetzt am Stamm

Und die Stimme sprach: Es gilt
Dies ist Gottes Ebenbild
Er ist für euch am Kreuz verreckt
Damit ihr neu das Bild entdeckt

Das Bild, das sich nicht im Denken findet
Sich nicht allein ans Äußre bindet
Sondern, dass jeder ihm als Gegenüber gilt
Das ist in ihm das Ebenbild.



## Andacht: Die vier Freunde und der (Ex-)Gelähmte (Mk 2,1-11)

Das Abenteuer der vier Freunde beginnt mit dem *Sehen und Wahrnehmen*. Sie nehmen wahr: Jesus ist in der Stadt! Nehmen wir es eigentlich auch wahr, dass Jesus da ist? Jetzt, hier, gegenwärtig?

Sie nehmen wahr und sehen den Gelähmten. *Nehmen wir die Not wahr?* Sehen wir auch unsere Verantwortung? Die vier sehen Jesus und sehen die Not und haben ein Ziel: die Not zu Jesus zu bringen. Genial, wenn man so als Team gemeinsam sehen kann und die Not zu Jesus bringt, auch das, was in der Gemeinde und Jugendarbeit „lahm" ist und nicht mehr läuft.

Die vier sehen noch mehr - sie sehen keinen Zugang zu Jesus. Der Weg zu ihm ist versperrt. Was machen sie - resignieren? Was machen wir, wenn wir für anderen nicht den Weg sehen, wie sie zu Jesus kommen können, wie sie heil werden können - resignieren? Lange für jemanden gebetet und nichts passiert! Viele Veranstaltungen für Jugendliche gemacht und niemand ist gekommen! Solange gebetet und nichts ist passiert? Resignation? *Resignieren* ist ein Wort der alten Römer. Wenn sie Land eroberten, dann signierten sie es mit ihrem Siegeszeichen, dem Signum! Wenn aber die Gallier wieder etwas stärker wurden, dann mussten die Römer ihr Signum wieder herausziehen und das Feld räumen, sie mussten re-signieren. Wer resigniert, gibt Boden zurück an den Feind, der schon einmal gewonnen war. Wie schnell resignieren wir im Glauben! Da haben wir eben noch Großes mit Gott erlebt, aber schon im nächsten Augenblick sind wir kleingläubig und können nicht glauben, dass Gott helfen kann und wird.

Die vier Freunde sehen weiter. Sie haben die Weitsicht, die Vision von einem Freund, der nicht mehr gelähmt ist, sondern wieder gehen kann. Diese Sicht treibt sie voran. Wir brauchen mehr Fern-Seher, Menschen, die weiter sehen als nur das, was vor Augen ist, mehr als nur das Augenscheinliche.
Diese Sicht treibt die vier dazu, nicht zu resignieren, sondern neue Wege zu entdecken, zu sehen und zu gehen. Vielleicht sind auch heute manche Wege zu Jesus versperrt. Resignieren wir deshalb oder treibt es uns voran, nach neuen Wegen Ausschau zu halten?

Die vier Freunde folgen der Vision, ihren Freund noch heute gehen zu sehen - auch auf Kosten eines Daches. Als sie so über das Dach den Gelähmten herunterlassen, sieht Jesus ihren Glauben. Nicht den des Gelähmten, der vielleicht eher peinlich berührt ist und am liebsten fliehen würde vor den Augen all dieser Menschen. Aber Jesus sieht ihren Glauben, ihren *Für-Glauben*. Sie glauben in den Gelähmten hinein und sehen, was Gottes Kraft aus Menschen machen kann. Hast du so einen Für-Glauben? Siehst du in Menschen nur das, was da ist, oder auch das Potenzial, die Möglichkeiten, die Gott zeigen und entfalten möchte? Hast du auch einen Für-Glauben für deine Gemeinde, für deine Jugend? Eine Sicht, was alles aus dieser Jugendarbeit werden kann mit Gottes Hilfe?

Tatsächlich - der Gelähmte kann wieder laufen. Fasziniert, erstaunt, glücklich und vor allem dankbar schaut er zu seinen Freunden aufs Dach. Was mag er wohl denken? „Ihr seid echt verrückt, Leute! Ihr habt an mich, nein, ihr habt an Jesus geglaubt und alles in Kauf genommen, um mich unbedingt noch heute zu ihm zu bringen. Ihr habt nicht resigniert, ihr habt mehr in mir gesehen, als ich zu sehen wagte. Danke, Jungs, für euren Glauben, für euren Mut, für eure Verrücktheit!" Ich denke so an Menschen zurück, die für mich verrückt waren, die mich begleiteten, mich umbeteten, mir halfen, damit ich zu Jesus finde. Für wen bist du dankbar? Und wie wäre es, wenn du so verrückt für andere sein würdest? Wenn später einmal andere dir dankbar sagen könnten: *„Danke*, dass du so verrückt warst und in mir Teenie so viel gesehen hast, mehr als ich selber oft sehen konnte oder wollte. Danke für deine Liebe und Ausdauer, danke, dass ich dir nicht egal war!"

Alles aber begann mit dem *Sehen*. Sehen wir, dass Jesus in der Stadt ist? Jesus ist auch heute da, möchte heilen und retten. Sehen wir, dass Not da ist, und finden wir Wege, Not und Rettung zusammenzubringen? Sei ein Fern-Seher und lass dich von Gottes Sichtweise faszinieren!

## Gegenstandsandacht: Ü-Ei

Wir Menschen sehen und zeigen gern unsere glänzende Verpackung: „Schaut mal her, das bin ich!“ *(Silberfolie abmachen.)*

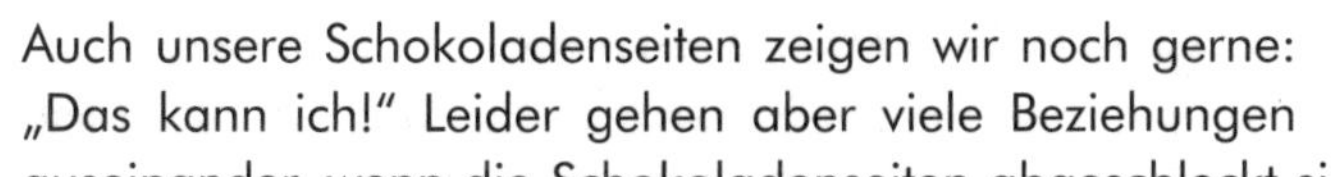

Auch unsere Schokoladenseiten zeigen wir noch gerne: „Das kann ich!“ Leider gehen aber viele Beziehungen auseinander, wenn die Schokoladenseiten abgeschleckt sind und man plötzlich auch noch andere Seiten entdeckt bzw. selbst an den Punkt kommt, mehr zu offenbaren. *(In die Schokolade hineinbeißen, danach die kleine Plastikbox herausholen.)*

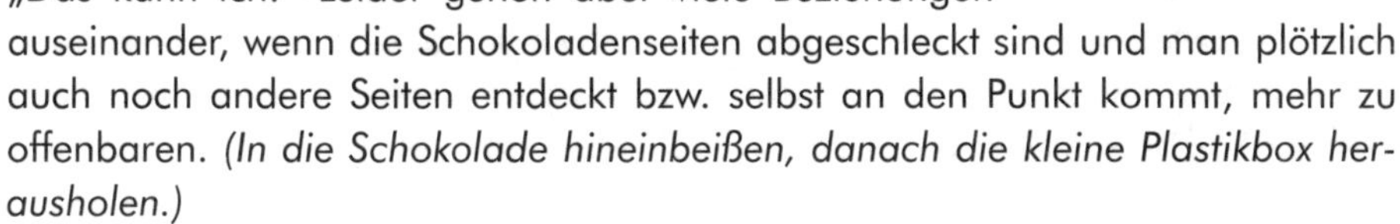

Was kommt danach? Ein harte Schale, die man nur schwer öffnen kann. So wie der Panzer, den wir um unser Herz gelegt haben, weil wir es nur ungern öffnen. Warum? Weil darunter - wie beim Ü-Ei - eine Witzfigur oder ein Bausatz steckt? Ist das so bei dir?
Gott sieht tiefer. Er sieht auch deine Verpackung, aber nicht nur. Vor allem hat er dein Herz vor Augen. Darin steckt manches Potenzial, viele Möglichkeiten, die aber noch kein Ganzes ergeben *(Bausatz)*, aber auch ein Mensch, der ständig versucht anders zu sein oder falschen Dingen hinterherrennt *(Witzfigur)*. Gott will heilen, Gott will neue Orientierung schenken, damit du nicht am Ziel deines Lebens vorbeilebst.
Öffne ihm dein Herz, werde neu und entdecke mit ihm dein Potenzial!

*Am Schluss kann das Gebet von David stehen: Psalm 51,12-14.*

## Bist du blind?

**Gedanken zu Johannes 9,1-41.** Ein Spitzentext, denn er hat seine Spitzen. Von den 41 Versen drehen sich ganze zwei um die Heilung selbst, die anderen 39 Verse diskutieren die Heilung.

### 1. Der Blinde ist kein Lehrfall

Jesus kommt mit seinen Mannen an diesem blind geborenen Mann vorbei und die Jünger machen, ganz im Denken der damaligen Welt verwurzelt, diesen armen Mann zum Gegenstand fachlicher Diskussion. Dass hier Sünde im Spiel sein muss, das ist für die Jünger sonnenklar, und so geht es nur noch um die

Ursachenforschung, nicht mehr um den Menschen selber. Für sie ist er ein willkommener Modellfall, an dem der Meister noch einmal den Zusammenhang von Sünde und Krankheit erklären kann. Es ist so, als würde der Blinde in den Lehrsaal geschoben und Professor Jesus soll jetzt über ihn und sein Schicksal dozieren. Aber Jesus durchbricht ihr Denken. Er ist nicht gekommen, um über die Krankheiten der Welt zu diskutieren, sondern um zu retten und zu heilen.
Stell dir vor, du lägest mit einer schweren Krankheit im Krankenhaus und für den Professor und die Assistenzärzte wärst du nicht mehr als ein interessanter Fall, an dem man etwas diskutieren und studieren kann - aber an echter, konkreter Hilfe wäre keiner interessiert. Ein schrecklicher Gedanke!

Ich kann mich noch gut an den Film „Der Elefantenmensch" erinnern. Ein erschreckender Film, der auf wahren Tatsachen beruhen soll, über einen Menschen, der von Geburt an entstellt war. Von den Eltern verstoßen, wurde er zum „Ausstellungsstück" auf Jahrmärkten und Diskussionsopfer medizinischer Fachschaften. Nur wenige entdeckten in ihm einen Menschen, der sich nach Liebe und Annahme sehnte.
Jesus antwortet deshalb auf die vergangenheitsbezogene Frage nach der Schuld: „Dieser ist nicht blind, weil er oder seine Eltern gesündigt hätten, sondern an ihm sollen die Werke Gottes offenbar werden!" Die Worte Jesu reißen ein Loch in die schicksalsbeladene Decke, die über diesem Menschen brütet. An ihm soll Gott zur Ehre kommen? Vielleicht hört der Mann zum ersten Mal Worte, die ihn nicht verdammen und ins gesellschaftliche Abseits verbannen.
Jesus sieht den gleichen Mann wie die Jünger - warum sind die Bewertungen so unterschiedlich? Vielleicht weil die Bilder in der Bildbearbeitung des Herzens unterschiedliche Konsequenzen hervorbringen. Im Herzen bewerten wir unsere Bilder und aus dem Herzen kommen dann oft verletzende statt heilende Gedanken.

„Man sieht nur mit dem Herzen gut!" Dieser Satz wird von der Bibel so in Frage gestellt, denn die Bibel lässt nicht viel Gutes an einem Herzen, das sich nicht an Gott orientiert. Darum: Man sieht nur mit einem von Gott geheilten und veränderten Herzen wirklich gut. An dem Blinden und an der Art wie wir ihm begegnen wird deutlich, ob Gott unser Herz wirklich schon verändert hat.

**2. Jesus heilt**

Jesus heilt den Blindgeborenen, aber der Jubelsturm der frommen Leute hält sich doch arg in Grenzen. Im Gegenteil: Für die Pharisäer scheint es eher eine unliebsame Betriebsstörung zu sein und neue Diskussionen brechen auf:
Ist der Geheilte überhaupt der Blindgeborene von einst? Es könnte ja auch ein

Zwilling oder Doppelgänger sein! War der Blinde überhaupt blind? Vielleicht hat er ja sein ganzes Leben nur so getan!
So werden Zeugen und Eltern befragt, um das für unmöglich zu erklären, was unmöglich sein und bleiben muss. Genial, wie der Ex-Blinde selber reagiert. Geradezu erfrischend frech und mutig gibt er den bedrängenden Fragern zur Antwort: „Was fragt ihr so viel, wollt ihr auch seine Jünger werden?" Genial!

Aber diese Antwort ist nicht nur genial, sondern sie macht auch etwas anderes deutlich - hier hat der Mann nicht nur sein Augenlicht gewonnen, sondern Jesus selbst, das Licht der Welt, hat sein Leben erobert. Ihm wurde nicht nur die Finsternis vor Augen, sondern auch die Finsternis im Herzen genommen.

**3. Sind wir denn auch blind?**

Eine bedeutungsvolle Frage der Frommen am Ende der Geschichte. Und Jesus redet den Pharisäern jetzt nicht nach dem Mund, nach dem Motto: „Nein, nein, natürlich nicht!" - Im Gegenteil, er sieht ihre Schuld und Blindheit besonders groß, weil sie sich doch so gerne als große Seher verstanden wissen wollen.
Diese Geschichte ist nicht nur eine tolle Heilungsgeschichte mit Happy End, sondern eine Story, die auch mich sehr hinterfragt. Bin ich auch blind? Sehe ich Dinge einfach nicht mehr? Übersehe ich Not oder theoretisiere ich sie nur noch? Über die Not diskutieren, lamentieren und referieren ist eine Sache, aber das Wichtige ist dies, dass Gott am anderen zur Ehre kommt in der Art und Weise, wie ich ihm begegne.

Ärzte sind nicht allein dafür da, von Kongress zu Kongress zu reisen, um über Heilungsmethoden zu diskutieren, sondern sie sind vor allem dafür da, zu heilen. Christen sind nicht in erster Linie dafür da, von Kongress zu Kongress, von Highlight zu Highlight zu hüpfen, um von Gottes Liebe zu hören und schöne Lieder zu singen, sondern um zur Ehre Gottes unterwegs zu den Menschen zu sein.

**Was wichtig ist**

- Gott hat dich und mich vor Augen von Anbeginn an. Psalm 139: *„Deine Augen sahen mich, noch ehe ich bereitet war!"*
- Gott sehnt sich danach, dass wir geheilt werden und Augen bekommen für das Leben, das er uns schenken will. Sprüche 20,12: *„Ein hörendes Ohr und ein sehendes Auge, die macht beide der Herr!"*
- Gott sehnt sich danach, dass durch uns seine Werke offenbar werden. Gott selbst hat uns gerettet und geheilt - nun sehnt er sich danach, dass wir andere sehen und helfen.

- Gott warnt die Frommen vor theologischer Betriebsblindheit. Bleib wach, bleib an Jesus dran und theoretisiere nicht das Leben mit Jesus, sondern lebe es!

## Weitere Ideen zu Impulsen und Andachten

**Redewendungen**

*„etwas im Auge haben"* - Ziele im Auge haben oder auch Splitter (Mt 7,3).

*„das Auge des Gesetzes"* - welche Gesetze kennen wir? Was ist grundsätzlich am „Gesetz" Christi anders (Mt 22,34-40; Gal 6,2)?

*„ein Dorn im Auge"* - Splitter und Balken (Mt 7,3; Mt 6,22.23).
*„mit einem blauen Auge davongekommen"*
*„jemandem etwas aufs Auge drücken"*
*„es sticht ins Auge"* - es fällt auf
*„auf jemanden ein Auge werfen"*
*„die Augen aufheben"* - Psalm 121,1; 123,1

*„Augen größer als der Magen!"*
*„ein Auge zudrücken"* - etwas mal durchgehen lassen (aber bitte nicht die Augen von anderen zudrücken ...)

*„wie Schuppen von den Augen"* - etwas erkennen - Apg 9,18; Eph 1,18

*„Tomaten auf den Augen"* - blind - Joh 12,40; Lk 24,16; 1. Joh 2,11

*„große Augen machen"* - Offb 7,17; 21,4: Wir werden einmal große Augen machen

*„Augen wie ein Adler"* - Jesaja 40,31

*„eine Augenweide"* - etwas besonders Schönes - Hl 1,15; 4,19; 7,5: schöne Augen machen ...

**Sprichwörter:**
- Das passt wie die Faust aufs Auge (Martin Luther)
- Eine Krähe hackt der anderen kein Auge aus (deutsches Sprichwort)

- Ähnlichseherei und Gleichmacherei sind das Merkmal schwacher Augen (F. Nietzsche)
- Aus den Augen, aus dem Sinn (deutsches Sprichwort)
- Die Menschen glauben den Augen mehr als den Ohren (Seneca)
- Vier Augen sehen mehr als zwei (deutsches Sprichwort)
- Was dem Herzen gefällt, das suchen die Augen (deutsches Sprichwort)
- Was glänzt, ist für den Augenblick geboren, das Echte bleibt der Nachwelt unverloren (Goethe)

## 1.3 Spiele

### Blind führen

Jemand vertraut sich blind einem Führer an und lässt sich nach Zeit über einen Parcours leiten. Man kann daraus auch eine „Miss-Trauen"-Wahl machen. Wer konnte wem vertrauen?

### Gruppenübung

Eine „blinde" Gruppe bekommt ein Seil in die Hände (jeder fasst das Seil an) und muss nacheinander mit diesem Seil verschiedene Formen, z. B. Dreieck, Kreis, Achteck usw. bilden. Interessant: Wer übernimmt das Kommando? Wer vertraut welcher Leitung?

### Rot-grün-Brillen/3-D-Brillen

Mit diesen Brillen kannst du Texte lesen, die „normalen" Augen verborgen sind. Wie du solche verborgenen Texte selber herstellen kannst und wo du die entsprechenden Brillen bekommst, das findest du auf der Homepage: www.3d-brillen.de. Du kannst die geheimen Botschaften von Gruppen herausfinden lassen oder du spielst eine andere Variante: Du bildest vier Gruppen, von denen je ein Vertreter nach vorne kommt. Im Hintergrund erscheinen auf dem Beamerbild geheimnisvolle Begriffe, die nur mit Brille entdeckt werden können. Sobald die Gruppen den Begriff entdeckt haben, müssen sie versuchen, ihrem Vertreter den Begriff pantomimisch vorzuspielen. Der Spieler, der dann als Erstes den Begriff ruft, hat gewonnen. Tipp: Sucht euch Begriffe aus, die man lustig darstellen kann, z. B. Froschschenkel (die Gruppe hüpft wahrscheinlich), Wäschespinne oder Vogelperspektive.

## Ein Rätsel in Blindenschrift

Die Spieler bekommen ein Blindenalphabet und müssen damit ein Rätsel erfühlen, das es dann zu lösen gilt. Wie geht das? Wo bekommt man so etwas?

Bei der Blindenschrift ist jedem Buchstaben ein spezielles Muster aus Punkten zugeordnet, das nicht mit Augen gesehen, sondern mit den Fingerspitzen erfühlt wird. Mit einiger Übung kann man mit den Fingern flüssig lesen. Es gibt mittlerweile spezielle Drucker für den Computer, die einen normalen Text mit Buchstaben in tastbare Blindenschrift umwandeln.

Du kannst den Text mit den Fingern ablesen lassen (Erhöhungen, Vertiefungen) oder mit den Augen als Geheimschrift.

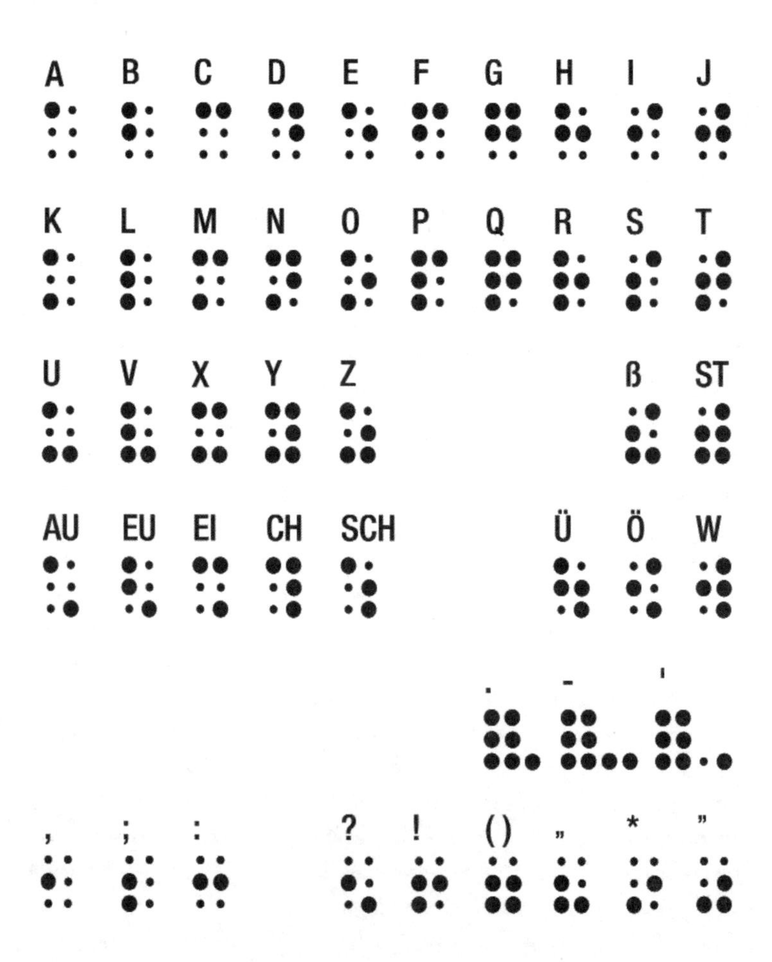

## Flaggenzeichen/Winkerzeichen

Jemand gibt aus der Distanz Flaggen- bzw. Winkerzeichen und verschlüsselt so ein Codewort, das enträtselt werden muss.

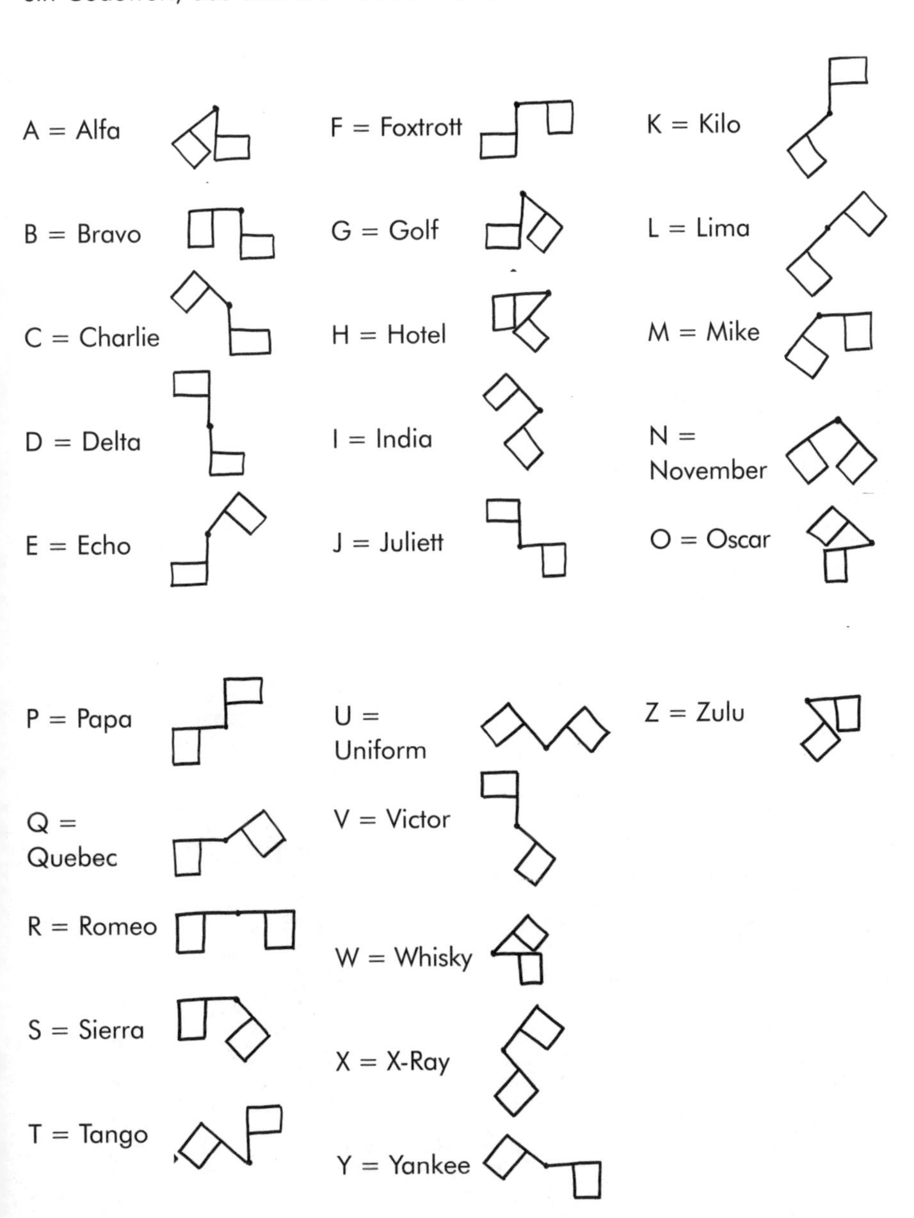

## Es geht um die Möhre

Bekanntlich ist die Möhre reich an Betacarotin, der Vorstufe von Vitamin A, das wiederum wichtig ist für gutes Sehen. Im Raum hängen also viele Möhren von der Decke, die von den „Hasen" abgerupft und in Gruppen verspeist werden müssen. Wer am meisten verputzt, bekommt die goldene Möhre.

## Spiele rund um die Redewendungen und Sprichwörter,

z. B. „die Augen auf jemanden werfen" (Augenbälle gestalten, die auf Ziele geworfen werden).

# 1.4 Workshops und Seminare

## 1.4.1 Unsere Wahrnehmung

Wie nehmen wir Dinge und Menschen wahr? Wir möchten zunächst testen, wie sich allein schon unser Auge täuschen und verwirren lässt. Dazu ein paar nette optische Illusionen:

Wie viele Beine hat dieser Elefant?

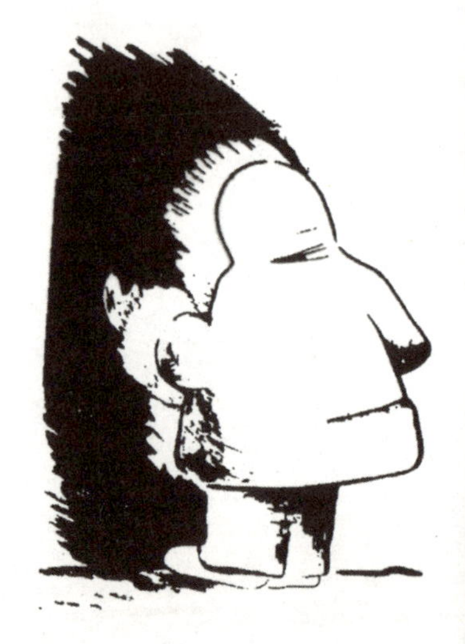

Indianer oder Eskimo?
Was siehst du?

Zähle die schwarzen Punkte - solange sie noch da sind ...

Alles gerade? Na klar, hier kommt nichts auf die schiefe Bahn!

## Wie ist das mit unserer Wahrnehmung?

Unsere Wahrnehmung wird beeinflusst durch:

- **gemachte Erfahrungen:** So werden schlechte Erfahrungen mit einem Pastor auf die Kirche bzw. den christlichen Glauben insgesamt projiziert.
- **Bedürfnisse und Triebe:** So betrachtet man ein Stück Brot als Hungernder völlig anders als einer, der satt ist.
- **Gefühle und Stimmungen:** Wer z.B. verliebt ist, sieht das Leben völlig anders und hat einen gewissen verklärten Blick durch die rosa Brille.
- **Wert- und Normvorstellungen der Gesellschaft:** Manche Wert- und Normvorstellungen, die noch vor wenigen Jahren anders waren, wurden neu geprägt und

verändern dadurch unseren Blick. Manches, was früher ein Skandal war, ist heute normal und wird keines komischen Blickes mehr gewürdigt.
- **Andere Personen und Gruppen:** Auch die Clique bestimmt mit, wie wir gewisse Dinge sehen und wahrnehmen.

**„Irreführungen"**
- *Es wird ein gemachtes Bild gesehen, nicht die einzelne Verhaltensweise.*
Ist jemand erst einmal bei uns in einer bestimmten Schublade, wird es für ihn schwer, da wieder herauszukommen, und alles, was er tut, wird auf der Schablone unserer ersten Bewertung betrachtet.
- *Wahrnehmung im sozialen Zusammenhang.*
Die gleiche Person wird unterschiedlich wahrgenommen, wenn sie z.B. einmal im Villenviertel und nett angezogen, ein anderes Mal im Ghetto und schlecht angezogen auftritt.
- *Rolle wird wahrgenommen*
Lehrer werden als Lehrer wahrgenommen und sind deshalb von vornherein so und so. Ebenso Polizisten, aber auch Pastoren. Wir verbinden Bilder mit Berufsgruppen und pauschalisieren in unserer Wahrnehmung.
- *Automatische Verbindung mit anderen Eigenschaften.*
Ein Teenager, der laut ist, ist dann auch schnell gefährlich, schlecht in der Schule oder ein Obdachloser ist nicht nur ohne Zuhause, sondern sicher auch arbeitslos, alkoholabhängig und kriminell. Wir verbinden mit einer Eigenschaft bestimmte andere.
- *Eigene Schwächen werden an anderen besonders gesehen (Splitter-Effekt).*
Indem wir andere an diesem Punkt kritisieren und klein machen, versuchen wir uns „groß" zu machen.
- *Der Primacy-Effekt (Erster Eindruck)*
Der berühmte erste Eindruck. Tatsächlich hat der erste Eindruck eine wegweisende Funktion für spätere Begegnungen. Da ist es schon schwer aus dem ersten Raster wieder herauszuklettern.

Wie gut, dass Jesus uns wirklich wahr-nimmt und ernst-nimmt! Wie können wir lernen, mit Gottes Augen zu sehen - uns selbst, den anderen und diese Welt?

### 1.4.2 Zauberschrift

Häufig werden besondere Flüssigkeiten verwendet, um geheime Botschaften zu verstecken. Mit unsichtbarer Zaubertinte kannst du zum Beispiel auf einen normalen Brief einen zusätzlichen Text schreiben. Auf den ersten Blick sieht der Brief

dann ganz normal aus. Kaum jemand wird vermuten, dass zwischen den Zeilen ein zweiter, unsichtbarer Brief versteckt ist.
Dazu brauchst du natürlich Zaubertinte. Es gibt verschiedene Flüssigkeiten, aus denen sie sich herstellen lässt: Du kannst eine Zitrone auspressen und den Saft als Tinte benutzen. Es funktioniert aber auch mit Milch, Essig oder Zwiebelsaft. Auch Wasser, in das du Honig, Zucker oder Salz gemischt hast, kannst du verwenden.
Mit der Geheimtinte schreibst du dann auf normales weißes Papier. Sobald das Blatt getrocknet ist, wird die Schrift unsichtbar.
Um sie lesen zu können, muss der Empfänger der geheimen Botschaft das Blatt vorsichtig an einer Lampe oder mit dem Bügeleisen erwärmen. Dadurch wird die Schrift wie von Zauberhand braun und dadurch deutlich lesbar. Pass aber auf, dass du dir dabei nicht die Finger verbrennst!

### 1.4.3 Wasserzeichen

Wenn du einen Geldschein gegen das Licht hältst, dann siehst du ein Zeichen, das vorher unsichtbar war: das Wasserzeichen! Aber wie kommt das Wasserzeichen ins Papier?
Das Bild, das später als Wasserzeichen zu sehen sein soll, befindet sich auf einer Walze; du kannst dir das so ähnlich wie bei einem Stempel vorstellen. Auf die Walze wird allerdings keine Stempelfarbe aufgetragen; sie wird während der Papierherstellung einfach über den noch feuchten Papierbrei gerollt. Dadurch wird die Papiermasse an einigen Stellen ein wenig verschoben. Die Folge: Das Papier wird an manchen Stellen etwas dünner und an anderen Stellen etwas dicker.
Wenn der getrocknete Geldschein dann ins Licht gehalten wird, lassen die Stellen, an denen das Papier dicker ist, nur wenig Licht durch; die Stellen, die etwas dünner sind, sind dafür lichtdurchlässiger. Das Wasserzeichen wird sichtbar!
„Echte" Wasserzeichen lassen sich zu Hause zwar nicht herstellen - aber du kannst mit Hilfe von Wasser trotzdem geheime Zeichen auf Papierbögen verstecken.
Dazu brauchst du Papier, eine Unterlage, einen Bleistift. Tauche ein Blatt Papier in Wasser und lege es auf die Unterlage - dann kommt das trockene Blatt Papier oben drauf. Jetzt kannst du deine geheime Botschaft mit einem Bleistift auf das trockene Papier schreiben. Die Schrift drückt auf das nasse Papier durch und verschwindet, sobald das Papier getrocknet ist.
Um die Botschaft wieder sichtbar zu machen, musst du das Papier einfach wieder in Wasser tauchen!

### 1.4.4 Abdrücke

Auf Papier kannst du ohne viel Aufwand geheime Abdrücke hinterlassen. Nimm dir zwei Blätter, lege sie aufeinander und schreibe deinen Text auf das obere Blatt. Es ist wichtig, dass du mit dem Stift fest genug aufdrückst. Der Text muss im unteren Blatt einen leichten Abdruck hinterlassen.
Lesbar wird die Botschaft auf dem unteren Blatt Papier, wenn du einen Bleistift nimmst, ihn flach hältst und ohne viel Druck über das Papier malst. Die Stellen mit den Abdrücken bleiben weiß.

Es gibt noch eine andere Methode: Du brauchst eine weiße Kerze, einen Bleistift, farbiges Pulver - zum Beispiel etwas Kaffee - und wieder Papier.
Zuerst wachst du ein Blatt Papier mit der Kerze ein. Das zweite Blatt Papier legst du auf die gewachste Seite und schreibst darauf deinen Text. Du musst fest genug aufdrücken, sonst erreichst du die Wachsschicht nicht - und genau dort muss ein leichter Abdruck entstehen.
Wenn du jetzt etwas von dem farbigen Pulver auf das Papier mit der Wachsschicht streust, bleibt es an dem Wachs hängen. Die Abdruckstellen bleiben aber weiß. Jetzt kannst du die verborgene Nachricht lesen!

### 1.4.5 Caesar-Scheibe

Eine Caesar-Scheibe besteht aus zwei Scheiben: einem inneren und einem äußeren Ring. Auf beiden steht das Alphabet. Die Buchstaben auf der äußeren Scheibe stellen das „echte" Alphabet dar. Mit der inneren Scheibe legst du dein Geheimalphabet fest. Soll dein Geheimalphabet zum Beispiel mit einem „D" beginnen, drehst du die innere Scheibe so, dass das „D" unter dem „A'" der äußeren Scheibe zu liegen kommt. Dadurch wird das „B" zum „E", das „C" zum „F" und so weiter ... Du darfst nur nicht vergessen, dem Empfänger deiner Nachricht zu sagen, mit welchem Buchstaben dein Alphabet beginnt!
Eine Caesar-Scheibe kannst du ganz einfach selbst basteln: Drucke dir die beiden Scheiben aus und klebe sie auf eine dünne Pappe. Schneide dann die Scheiben aus. Lege die kleine Scheibe auf die große und befestige sie in der Mitte mit einer Musterklammer. Und schon ist deine Caesar-Scheibe fertig.
Jetzt kannst du den mittleren Kreis so drehen, dass dein geheimer Anfangsbuchstabe genau unter dem „A" liegt.
Deine Nachricht kannst du verschlüsseln, indem du die Buchstaben auf dem äußeren Ring durch die auf dem inneren Ring ersetzt.

### 1.4.6 Video-Workshop

Solch ein Workshop bietet sich natürlich zum Thema „Sehen" an. Zudem kann das „Produkt" dann gewinnbringend in eine der nächsten Einheiten eingebracht werden.

### 1.4.7 Mögliche Seminarthemen

- **Ich sehe was, was du nicht siehst:** Wie können wir eine Vision für unser Leben entdecken? Was möchte Gott mit und durch uns tun?

- **„Betriebsblind":** Im täglichen Dschungel des Alltags werden wir schnell betriebsblind für das, was wirklich zählt. Erst aus dem Abstand und vielleicht mit den „Augen eines anderen" entdecken wir wieder, was wirklich dran ist und zählt. Das Seminar kann dazu konkrete Hilfen liefern.

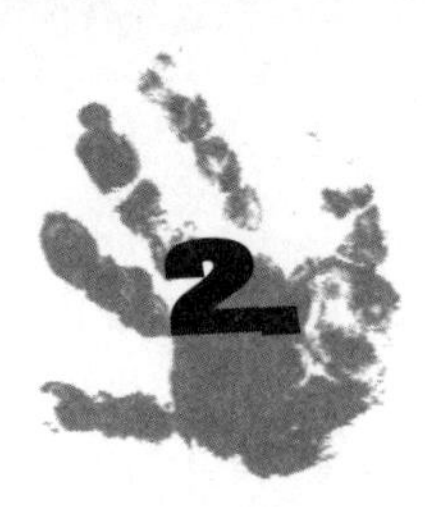


# Leih mir mal dein Ohr!

## 2.1 Bibelarbeit konkret: Hören und Verstehen: zwei Paar Stiefel? *(Mt 13,1-9.18-23)*

**Zielaussage:** Das Wort hören allein reicht nicht, es will auch verstanden sein und umgesetzt werden.

Möglicher Ablauf:

1. Lieder
2. Spiel, z. B. Geräusche raten
3. Lied
4. Bildbetrachtung „Der Hörer" (siehe Seite 38)
5. Gedicht (siehe Seite 40)
6. Verkündigung
7. Gruppenphase mit Fragen
8. Ergebnisse der Gruppen „hörbar" und „sichtbar" machen
9. Ergebnissicherung: Das nehme ich mit!
10. Zum Mitgeben: Ohrtaps mit Bibelvers oder Samenkörner (Mt 13)
11. Gebet

## Verkündigung - Mt 13,1-9.18-23 Hören und Verstehen: zwei Paar Stiefel?

Ich gestehe, mein erster Gedanke bei diesem Gleichnis war: Warum sät der Sämann nur so blind? Hätte er den Samen nicht besser dosieren können? Hätte er nicht einfach besser zielen können? Hätte er nicht überhaupt seine Arbeit besser vorbereiten können?
Doch ein Blick in den Ackerbau der Zeit Jesu gibt den Durchblick: In Palästina pflügte man den Acker nicht vor, sondern nach dem Säen. So sät der Sämann auf den Pfad, der von den Dorfbewohnern und ihm getreten wurde, weil er später sowieso mit untergepflügt wird. Ebenso kann er unter die Dornen säen, denn auch diese werden untergepflügt. Der oft felsige Untergrund, der auch viele Steine birgt, ist unter der Ackeroberfläche so verborgen, dass er erst bemerkt wird, wenn der Pflug dagegenstößt.

Was für uns heute schwer nachvollziehbar ist, war in Palästina zur Zeit Jesu ein normaler Vorgang. Mit diesem Bild, das Jesus vor den Augen der Leute entwirft, kann jeder seiner Zuhörer etwas anfangen.
So beginnt Jesus auch das Gleichnis mit der Aufforderung: **„Siehe!"** Es ist die Einladung an jeden, der folgenden Geschichte mit allen Sinnen zu folgen, um den Sinn, den doppelten Boden des Gleichnisses zu entdecken. „Achtung! Ich male dir ein Bild vor Augen, schau genau hin, sei wach dabei, damit du die Worte aufnehmen und verstehen kannst."
Das Gleichnis endet mit einer sog. Weckformel: **„Wer Ohren hat zu hören, der höre!"** - Ist es nicht logisch, dass der, der Ohren hat, auch hört? Leider nicht. Darum weckt Jesus die Leute noch einmal auf: Nutze deine Ohren und höre, damit du wirklich aufnehmen kannst, was ich dir sage!

Das Gleichnis beschreibt vier unterschiedliche Böden, die das Saatgut unterschiedlich aufnehmen. Hierbei stehen die vier Bodensorten aber nicht für vier bestimmte Typen Mensch, sondern für vier verschiedene Wege, dem Wort Gottes zu begegnen, und alle vier kommen in uns vor. Es geht nicht um eine Einteilung von Menschen in Leute, die eben das Wort Gottes hören können/wollen, und andere, die nicht so sind.
Dietrich Bonhoeffer schrieb dazu: „Die Frage, welcher Hörertyp ich bin, ist gesetzlich-pietistisch und führt in die Vorverurteilung von Menschen" - nach dem Motto: Dieser Typ da mit dem grünen Irokesen-Schnitt und den Ringen durch Nase, Ohren und Lippe ist für Jesus sowieso schon abgeschrieben. Ich weiß noch, wie ich einmal total überrascht war und beschämt, als plötzlich bei uns im Jugendkreis einer auftauchte und tatsächlich Christ wurde, den ich nie zum Jugendkreis eingeladen hätte, weil ich dachte: Der interessiert sich doch nie und nimmer für Jesus.
Es geht sehr schnell, dass man zu Aussagen kommt wie: „Mein Freund ist nicht so der Typ, der in die Kirche rennt" oder „Der ist halt nicht so der fromme Typ". Niemand darf aus dem Gleichnis den Schluss ziehen, als wäre es quasi vorherbestimmt, ob jemand Jesus hören und annehmen kann oder nicht.
Nein, jeder von uns trägt das vierfache Ackerfeld in seinem Herzen. Und die Frage, die dieses Gleichnis stellt, ist: „Wie begegnest du dem Reden Gottes? Wie nimmst du auf und an, was er dir sagen möchte?"

Da ist einer, der sagt: „Mein Herz ist zur Zeit ein einziger Trampelpfad. Tägliche Hetze, keine Ruhe und selbst die Freizeit ist mit Terminen überhäuft. Ich habe Angst. Was bleibt, wenn der Verkehr eines Tages für immer ruht? Nur ein leeres, festgetrampeltes Herz und der Blick zurück auf ein Leben ohne Sinn? Stille Zeit?

Ja, steht auf dem Programm. Aber ich bin viel zu unruhig, als dass ich mich wirklich auf Gottes Reden konzentrieren könnte. Es fliegt an mir vorbei. Manchmal möchte ich ein Ohr zukleben, damit mir das Wort nicht immer in das eine Ohr rein und aus dem anderen herausfliegt. Meine Gedanken an all das, was ich noch erledigen muss, flattern mir wie Vögel durch Herz und Kopf und nehmen mir die Chance, wirklich Gottes Wort aufzunehmen."

Kennst du solche Zeiten der Unruhe? So viele Dinge und Aufgaben nehmen einen in Beschlag. Ich höre noch irgendwie Gottes Wort - aber nur beiläufig. Ich bete noch - aber nur im Telegrammstil. Wenn die Vögel der Unruhe uns Gottes Wort rauben wollen, dann bietet Gott uns eine gute Vogelscheuche: das Gebet. Gebet hat auch etwas mit Geben zu tun. Gib Gott ab, was dich unruhig macht, und bitte ihn darum, dir einen fruchtbaren Acker zu schenken, in dem sein Wort Wurzeln schlagen und Früchte bringen kann.
Jemand anderes erzählte, wie es ihm auf einer Freizeit deutlich wurde, dass er auch im Studium seinen Glauben leben wollte. Doch als er das tat, traf er auf Unverständnis und Gelächter - und schließlich hörte er damit auf. Manchmal nehmen wir das Wort Gottes absolut begeistert auf und möchten so viel verändern, aber zurück im Alltag sinkt schnell der Mut und plötzlich sind wir von gar nichts mehr überzeugt.

Begeisterung für Gott ist fantastisch. Aber Begeisterung ist oft nur ein farbenfroher Anstrich, der an der Oberfläche haftet, aber nicht durchdringt. Und sobald es heiß wird, blättert der Anstrich ab und das Christsein verblasst.
Jesus will nicht Begeisterte, die nur wie ein Strohfeuer entflammen, aber nicht Licht der Welt sind. Jesus will nicht Begeisterte, sondern Nachfolger. Er will, dass sein Wort uns nicht nur auf unseren geistlichen Hochflügen begleitet, sondern dass es auch noch in den Talfahrten unseres Lebens ein tragendes und stärkendes Fundament ist.
Jesus möchte keinen Batterie-Glauben, der, einmal vollgeladen, jetzt nur noch von dem zehrt, was mal gehört wurde, aber nach und nach schwächer wird. Auch keinen Akku-Glauben, der sich zwar immer wieder von Jugendkreis zu Jugendkreis auflädt, aber ohne eigene dauerhafte Verbindung zu Gott, der Stromquelle ist. Jesus sehnt sich nach Leuten, die wirklich bei ihm einstöpseln und in denen die Kraft Gottes dauerhaft spürbar wird.

Muss ich noch etwas zu den Dornen sagen? Jesus nennt hier zwei dicke Gefängnisse von Menschen: Geld und Sorge. Nicht nur viele Beziehungen zwischen Menschen zerbrechen an diesen Themen, sondern auch viele Beziehungen zu

Gott. Ich denke an den reichen Jüngling. Er hat Gottes Wort gehört. Unglaublich viel hat er schon begriffen, aber an der entscheidenden Stelle kann und will er nicht loslassen.
Geld und Sorge: Wie viele Gehirnzellen, wie viel Herzblut geht an diese Themen verloren?! Diese Fesseln halten nicht nur unsere Gesellschaft, sondern auch uns persönlich gefangen. Manchmal türmen sich Fragen über Fragen auf und Antworten scheinen nicht in Sicht. Die Sorge treibt uns in gefährliche Eigendrehungen um uns selbst - Drehungen, die leicht zum Strudel werden, die uns nach unten ziehen. Nicht umsonst warnt Jesus so eindringlich vor der Sorge, die unser ganzes Leben zerfressen kann, und ruft dazu auf, zuerst auf Gott zu schauen (Mt 6,19-33).

Wie höre ich das Reden Gottes? Das Gleichnis macht eine wichtige Unterscheidung. Man kann das Wort einfach nur hören, aber nicht verstehen, oder man kann es hören, verstehen und Frucht bringen. Hören und verstehen sind zwei Paar Schuhe. Das Gleichnis macht deutlich: Das Entscheidende am Hören ist das Verstehen und das Fruchtbringen. Ich kann die Botschaft der Bibel als schöne Geschichte hören, aber erst wenn ich sie wahrnehme und verstehe, dass ich gemeint und angesprochen bin, erst dann lasse ich es auch zu, mich von ihr verändern zu lassen.
Ich kann den armen Bettler sehen und doch nicht seine Not wahrnehmen. Ich kann Bilder von Hunger und Elend sehen und unberührt bleiben. Ich kann jahrelang neben anderen Menschen leben, ohne je ihre Ängste, Fragen oder ihre Einsamkeit wahrgenommen zu haben.
Gott will uns Augen schenken, die den anderen als von ihm geliebten Menschen sehen und verstehen; Ohren, die die Not hören, und Hände und Füße, die die guten Absichten auch in die Tat umsetzen.

## Aufgaben für die Gruppenphase:

**- Trag einmal auf der Skala auf der nächsten Seite ein, wie du zur Zeit auf Gottes Wort reagierst!** Findet es oft fruchtbaren Boden, dann trage dort einen hohen Wert ein. Wird es oft von Sorgen klein gehalten, dann trage dort einen hohen Wert ein usw. Verbinde die Werte zu einem Viereck!
Wenn möglich, redet über eure Werte!

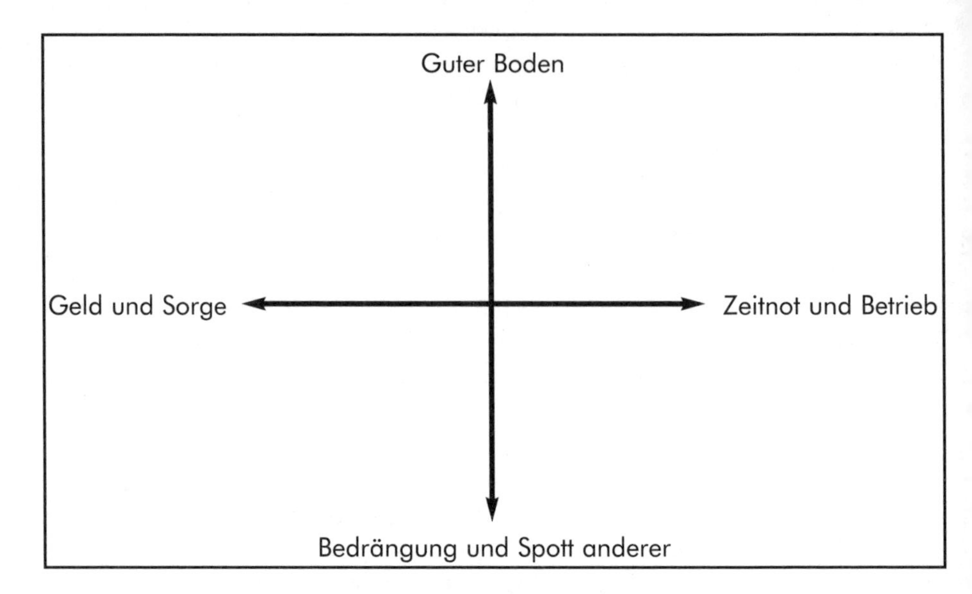


- **Wo und wie könnt ihr einander helfen, damit Störfaktoren, die das Wort Gottes hindern, bei uns Wurzeln zu schlagen, minimiert werden?** Geh jeden Bereich für dich durch: Geld und Sorge / Zeitnot und Betrieb / Bedrängung und Spott.

- **Verteilt Samenkörner und gebt sie in Erde!** Macht euch bewusst, dass das Wort Gottes wie so ein Samenkorn ist. Was kann der Pflanze, was kann uns als Christen helfen, damit der Same aufgeht und viel Frucht hervorbringt?

## 2.2 Andachten und Entwürfe

### Gott sucht Hörer! Gedanken zu Jakobus 1,19-20

Erinnert ihr euch an euren Biologieunterricht? Keine Angst, es wird nicht hoch wissenschaftlich. Ich bin ja kein Biologe, aber bestimmte Phänomene faszinieren mich doch, z. B. unser Gehör. Der Konstrukteur unseres Körpers hat sich erstaunlich viel Mühe gegeben, dass wir hören können.

Alles beginnt mit der Ohrmuschel. Dort wird ein Geräusch aufgefangen und durch den Gehörgang weitergeleitet. Nach dem Trommelfell, das uns manchmal zu platzen droht, kommt das Mittelohr. Dort finden wir die drei kleinsten Knochen des menschlichen Körpers, man nennt sie Hammer, Amboss und Steigbügel. Sie sind so winzig klein, dass sie mit dem menschlichen Auge kaum zu sehen sind. Ihre Aufgabe ist es, die ankommenden Schallwellen zu verstärken und an das Innenohr weiterzugeben. Hier findet dann das eigentliche Hören statt. Hauptwerkzeug dafür ist die sogenannte Schnecke. Sie enthält Tausende von winzigsten haarähnlichen Zellen, von denen jede auf eine Schallwelle eingestellt ist. Durch sie werden die Schallvibrationen in elektrische Impulse umgewandelt. Diese Impulse befördern den Ton oder das Wort weiter zum Gehirn, wo es entschlüsselt wird. Dieser Prozess geschieht in Bruchteilen von Sekunden. Allein es zu erklären dauert schon wesentlich länger.

Gott hat sich etwas einfallen lassen, als er unser Gehör schuf. Er hat sich Mühe gegeben, unsere Ohren zu empfindlichen Instrumenten zu machen. Warum wohl? Weil er will, dass seine Menschen hören, dass sie zuhören. Gott sucht Menschen, die zuhören. Darum lässt er uns durch Jakobus ausrichten:

*„Ihr sollt wissen, meine lieben Brüder: Ein jeder Mensch sei schnell zum Hören, langsam zum Reden und langsam zum Zorn. Denn des Menschen Zorn tut nicht, was vor Gott recht ist“* (Jakobus 1,19-20).

Gott sucht Menschen, die zuhören. Darum hat Gott unser Gehör so kunstvoll geschaffen. Er will, dass wir hören - auf ihn und andere. Kann es allerdings sein, dass wir diese Fähigkeit kaum ausschöpfen? Kann es sein, dass Gott oft sehr lange suchen muss, bis er Menschen findet, die zuhören können und wollen? Ziehen wir es nicht lieber vor, zu reden als zuzuhören? Bringen wir nicht oft lieber unser Wissen an den Mann als unser Unwissen einzugestehen? Kritisieren wir nicht lieber als uns kritisieren zu lassen? Und wenn wir schon einmal jemanden reden hören, sind unsere Gedanken nicht schnell woanders?

Doch Gott sucht in erster Linie Hörer, nicht Redner. Letztere gibt es oft genug, erstere aber sind häufig Mangelware. Aber warum sucht Gott Hörer? Welche Vorteile bringt das Zuhören eigentlich?

**1. Hörer haben etwas zu sagen**

Gott sucht zunächst deshalb Hörer, weil er selbst etwas zu sagen hat. Wenn wir die Bibel durchblättern, entdecken wir einen Gott, der redet. Im Alten Testament wird das deutlich durch Wendungen wie: „So spricht der Herr“ oder: „Das Wort des Herrn geschah zu ...“. Weil unser Gott redet, ist das Ohr von immenser Bedeutung für unsere Beziehung zu ihm.

Samuel hat dies auf besondere Weise erlebt. Nichts ahnend liegt er auf seinem Bett, als er seinen Namen hört: „Samuel, Samuel!" Zweimal rennt er deswegen zu seinem Chef, dem Priester Eli, dessen Azubi er damals war. Nach dem dritten Mal hört er zu, sogar zweimal: einmal auf Eli und einmal auf Gott, darum hat er zweimal etwas zu sagen. Zum einen weiß er, wie er Gott antworten soll: *„Rede, Herr, denn dein Knecht hört"* (1. Samuel 3,10). Er hört auf Elis Worte und prägt sich diesen Satz genau ein: *„Rede, Herr, denn dein Knecht hört."* Dieser Satz drückt aus, was es heißt, ein Jünger zu sein. Jünger sein heißt auf Gott hören. Hören ist und bleibt die grundlegendste Aufgabe eines Jüngers. Schon Jesaja hat das erkannt und klassisch formuliert: *„Hören, wie Jünger hören"* (Jesaja 50,4) . Hören und Jüngersein gehören untrennbar zusammen. Nur wer hört, kann gehorchen. Und nur wer hört, hat etwas zu sagen.
Gott antwortet erstaunlich auf Samuels Hörbereitschaft: Er beruft Samuel zum Propheten. Er gibt Samuel eine Botschaft für Israel. Samuel sagt weiter, was Gott ihm sagt. Aber zuerst musste er zuhören. Weil unser Gott redet, ist das Ohr von größter Wichtigkeit für unsere Beziehung zu ihm. Darum beginnt auch das Glaubensbekenntnis Israels mit der Auforderung zu hören: *„Schema, Israel! Höre, Israel"* (5. Mose 6,4). Hören ist und bleibt die erste und grundlegendste Aufgabe eines Jüngers. Ein schlechter Zuhörer wird nie ein guter Jünger sein.

Nicht jeder, der redet, hat auch etwas zu sagen. Es gibt Dampfplauderer und Dummschwätzer, auch unter Christen. Keiner nimmt sie mehr ernst, weil sie nicht zuhören und sich nicht informieren. Nur wer zuhört, hat auch etwas zu sagen, weil er Ahnung hat. Mitarbeiter, besonders Hauptamtliche, müssen oft reden und reden und reden. Damit stehen sie in der Gefahr, viele Worte zu machen und nichts mehr zu sagen zu haben. Hinhören auf Gott und sein Wort ist die Medizin dagegen, immer wieder hinhören! Dabei kann man übrigens auch weniger Fehler machen als beim Reden. Wie oft habe ich mir schon nach einem Satz in die Zunge gebissen, aber selten ins Ohr. Darum: Ein jeder Mensch sei schnell zum Hören, aber langsam zum Reden. Übrigens: Langsam zum Reden, nicht stumm wie ein Fisch. Gott sucht Hörer, denn er will, dass wir etwas zu sagen haben.

### 2. Hörer vermeiden Fehler

Im Buch der Sprüche finden wir Hören immer im Zusammenhang mit Weisheit. Drei Kostproben: *„Wer auf Rat hört, der ist weise"* (12,15) oder *„Das Ohr, das da hört auf heilsame Worte, wird unter den Weisen wohnen"* (15,31) oder *„Ein Weiser, der mahnt, und ein Ohr, das auf ihn hört, das ist wie ein goldener Ring und wie ein goldenes Armband"* (25,12). Zuhören ist ein Zeichen von Weisheit, weil jemand, der zuhört, oft Fehler vermeidet, indem er von den Erfahrungen anderer lernt. Aber genau hier liegt ein Problem: Ich möchte gar nicht immer von anderen lernen, weil ich oft der Überzeugung bin, ich wüsste schon alles. Manchmal höre ich nicht zu, weil ich glaube, die Weisheit mit Löffeln gefressen zu haben. Ich bin zu stolz, den Rat eines anderen anzunehmen. Diese Einstellung ist in der Bibel nicht nur Unhöflichkeit oder eine Charakterschwäche. Stolz und Besserwisserei sind Sünde. Sie gehören nicht entschuldigt, sondern vergeben. Sünde allerdings schneidet immer ins eigene Fleisch. Vielleicht hat der andere tatsächlich einen guten Tipp oder eine bessere Idee. Das soll ja mal vorkommen. Wer jetzt hört, was andere sagen, muss sich später nicht immer sagen lassen: „Ich hab's dir doch gleich gesagt."

Wenn wir aufeinander hören, vermeiden wir Umwege und Irrwege. Darum: Ihr Jüngeren in der Gemeinde, hört auf die Älteren, ihr Kinder, hört auf eure Eltern! Von ihren Erfahrungen kann man vieles lernen. Sie haben Gott erlebt und manches durchgemacht, was noch vor euch liegt. Aber auch andersherum: Ihr Eltern, hört auf eure Kinder, ihr Älteren, hört auf die Jüngeren! Die Welt ist nicht mehr so, wie sie einmal war. Vieles hat sich so geändert, dass wir neue Wege gehen müssen. Es hat mich tief beeindruckt, wie vor Jahren auf einer Allianzsitzung der ergraute erste Vorsitzende den Altersgenossen das Wort entzog und sie aufforderte: „Wir alten Esel haben doch keine Ahnung von Jugendarbeit. Lasst uns doch mal die Jugendarbeiter hier am Tisch fragen." Wer seine Grenzen kennt, ist sich nicht zu schade, auf andere zu hören. Gott sucht Hörer, weil wir einander brauchen, um Fehler zu vermeiden. „Ein jeder sei schnell zum Hören." Reden ist Silber, Hören ist Gold. Denn:

### 3. Hörer lösen Konflikte

Während einer Sitzung zur Vorbereitung einer Evangelisation kam es zu unerwarteten Spannungen, als der Veranstaltungsort auf der Tagesordnung stand. Eine Gruppe sprach sich für die Kirche aus, die andere favorisierte das Dorfgemeinschaftshaus. Innerhalb kürzester Zeit ging es richtig zur Sache. Jedes Lager kämpfte für seinen Ort. Schließlich waren beide davon überzeugt, dass ihr Standpunkt richtig war. Darum versuchte jede Seite, mit allen Kräften ihre Meinung durchzusetzen. Das war aber nicht so leicht, da beide Orte ihre Vor- und Nachteile hatten. Als die Diskussion auf den Höhepunkt kam, schaltete sich ein Mitarbeiter ein, der bisher noch nichts gesagt hatte. Er hatte nur zugehört, die Argumente verglichen und formulierte nun seinen Vorschlag: „Warum beginnen wir nicht in der Kirche und ziehen am Mittwoch um?" Schweigen, fieberhaftes Nachdenken, warum eigentlich nicht? So würde man sowohl den volkskirchlich geprägten Teil der Dorfbevölkerung als auch den mehr säkularisierten Bewohnern entgegenkommen. Das war in diesem Fall die Lösung.

Wer zuhört, findet Lösungen für Konflikte. Denn wer zuhört, versteht auf einmal die andere Seite. Wenn man zuhört, merkt man auf einmal, dass auch die anderen gute Gründe haben. Bei Sitzungen geht es doch nicht darum, die eigene Meinung durchzusetzen, sondern den besten Weg zu finden. Kann es sein, dass wir in unserer Selbstüberschätzung gar nicht merken, wie schnell wir unseren Standpunkt mit dem besten, einzigmöglichen Weg gleichsetzen? Ich jedenfalls ertappe mich dabei, wie ich Vorschläge, die nicht in mein Konzept passen, vorschnell auf die Seite schiebe. Aber ist meine Sicht wirklich die richtige? Gerade bei Sitzungen mit heißen Diskussionen ist die Gefahr, sich aufzuregen, besonders groß. Wie leicht steigere ich mich in eine Sache hinein, fühle mich verletzt und nicht verstanden! Dann wähne ich mich im „gerechten Zorn" und lasse mich zu entsprechenden Worten und Taten hinreißen. Doch Entscheidungen, die im Zorn getroffen werden, missfallen Gott. Warum? Weil sie meistens den Konflikt verschärfen, anstatt ihn zu lösen. Darum warnt uns Jakobus: „Seid langsam zum Zorn. Denn des Menschen Zorn tut nicht, was vor Gott recht ist." Gott sucht Hörer, keine Rechthaber. Der Weg zur Lösung und zur bereinigten Beziehung beginnt mit dem Zuhören. Seltsamerweise fällt es vielen Menschen leichter, einander zu verletzen oder sich beleidigt zurückzuziehen. Doch wer zuhört, beginnt zu verstehen. Wie oft hat jede Seite gute Gründe für ihre Sicht der Dinge! Und wie oft meinen gerade in Gemeinden beide Lager das Gleiche und reden nur aneinander vorbei. Doch auch wenn wir nicht auf einen Nenner kommen, verstehe ich als Hörender die Gründe der anderen für ihre Position besser. Das erleichtert es einen Entschluss zu akzeptieren und mitzutragen, auch wenn man anders denkt. Darum sucht Gott Hörer: Er will, dass wir Konflikte lösen. Außerdem gilt:

### 4. Hörer helfen Menschen

Dietrich Bonhoeffer hinterfragt nicht nur seine Zeitgenossen deutlich: „Wir sind heute leicht geneigt, dass der einzig wirkliche Dienst am Nächsten der Dienst mit dem Worte Gottes ist. Der erste Dienst, den einer dem anderen in der Gemeinschaft schuldet, besteht darin, dass er ihn anhört. Es ist Gottes Liebe zu uns, dass er uns nicht nur sein Wort gibt, sondern uns auch sein Ohr leiht. Christen meinen so oft, sie müssten immer, wenn sie mit Menschen zusammen sind, etwas bieten. Sie vergessen, dass Zuhören ein größerer Dienst sein kann als Reden." Gott sucht Hörer, weil Menschen andere Menschen brauchen, denen sie ihre Probleme und Nöte, ihre Erfolge und Freuden anvertrauen können. Wir wissen

alle, wie gut es tut, wenn einem jemand zuhört. Doch manchmal fängt man an zu erzählen, und ehe man sich versieht, hat der andere das Gespräch an sich gerissen. Dann zählt er seine Probleme, Krankheiten usw. auf, die ja noch viel schlimmer sind als meine. Merken wir auch manchmal nicht, dass unser Gegenüber jemanden braucht, der jetzt zuhört? Wo habe ich geredet, als ich eigentlich hören sollte? Vielleicht hätte ich dann auch etwas zu sagen gehabt.
Gott sucht Hörer, keine Dauerredner, die ständig um sich selbst kreisen. Das ist nämlich blanker Egoismus. Aber es gibt noch einen egoistischen Grund, der mich am Zuhören hindert: meine Bequemlichkeit. Denn Zuhören kostet Zeit und Nerven. Zuhören ist anstrengend. Immer wieder ertappe ich mich dabei, wie ich andere abwimmele. In schlechter Erinnerung habe ich noch eine Busfahrt, auf der ein Sprachbehinderter versuchte, mit mir ins Gespräch zu kommen. Ich wollte aber lieber Zeitung lesen und habe ihm das zu verstehen gegeben. Als ich ausgestiegen war, erkannte ich, was in mir abgelaufen war, und schämte mich. Ein Mensch suchte jemanden, der ihm zuhörte, und ich hatte keine Lust. Obwohl ich Zeit gehabt hätte, war ich zu bequem. „Es ist Gottes Liebe zu uns, dass er uns sein Ohr leiht.“ In diesem Augenblick hatte ich diese Liebe nicht in mir. Auch Lieblosigkeit nennt die Bibel Sünde. Der Weg daraus heißt Buße: um Vergebung bitten und umdenken lernen. Denn Bequemlichkeit und Kreisen um mich selbst vermindern meine Hörfähigkeit. Doch Gott sucht Hörer, sie helfen nämlich anderen Menschen.

Gott hat uns mit unseren Ohren eine einzigartige Möglichkeit gegeben. Wir können ihn und andere hören. Es ist schrecklich, wenn Menschen nicht hören können, sei es von Geburt an oder durch einen Unfall. Wenn Menschen allerdings nicht hören wollen, ist es Sünde und Dummheit gleichzeitig: Sünde, weil wir Gott ungehorsam sind, der uns ausdrücklich zum Hören auffordert, und Dummheit, weil wir uns außerordentliche Möglichkeiten entgehen lassen, nämlich:

1. Hörer haben etwas zu sagen, weil sie vorher etwas gehört haben.
2. Hörer vermeiden Fehler, weil sie aus den Erfahrungen anderer lernen.
3. Hörer lösen Konflikte, weil sie den besten Weg heraushören.
4. Hörer helfen Menschen, weil sie ihnen echtes Interesse signalisieren.

*(Autor: Klaus Heid)*

## Bildandacht

**Gruppengespräch:**
> Was fällt euch an dem Menschen auf?
> Ein Sprichwort sagt: „Der Mensch hat zwei Ohren und einen Mund, damit er mehr höre und weniger sage." Was denkt ihr darüber?
> Wie können wir lernen und einüben, im ganzen Lärm der Zeit wieder ganz neu und bewusst auf Gott zu hören? Wie können wir lernen und einüben, auf den anderen und seine Not zu hören?

## Jesus: Auf den sollt ihr hören!

Isaac Newton hat einmal gesagt, wir dürfen das Neue Testament nicht lesen wie ein Notar ein Testament liest, nämlich nur korrekt und unbeteiligt, sondern wie es der rechtmäßige Erbe liest und hört, nämlich staunend und gespannt, was Gott für ihn bereithält.
Wie liest du die Bibel, wie hörst du Gottes Wort? Korrekt, aber unbeteiligt oder staunend und gespannt? In welcher Verbindung und Verbindlichkeit stehen wir zu Gottes Wort? Kommt er zu Wort, kommt er zum Zug in unserem Leben?
**Schreiten wir also zur Testamentseröffnung: Mt 17,1-9**
Verklärung Jesu - das ist ja ein seltsames Wort. Verklärter Blick? Noch nicht ganz wach? Tasächlich ist es hier Tagesanbruch, aber Verklärung meint doch noch etwas anderes. Im griech. Urtext steht „Metamorphose" (metamorphotä), ein Wort, das wir vielleicht aus dem Bio-Unterricht kennen. Hier geht es nicht um einen verklärten Blick, sondern um die Umgestaltung, Verwandlung Jesu, die bis hinein in seine äußere Gestalt spürbar wird.

**1. Jesus führt seine Jünger, damit sie hören, lernen und vertrauen!**
Jesus hat ganz bewusst zwölf Jünger ausgewählt, die er ganz besonders beglei-

ten, schulen und vorbereiten wollte. Drei davon, Petrus, Johannes und Jakobus, hat er zu Leitern geformt, die sein Werk weiterführen sollten. In einige Begegnungen nimmt er nur sie mit, z.B. die Auferweckung der Tochter des Jairus oder eben auch hier. Besondere Lektionen für künftige Leiter.
Jesus führt seine drei Jünger ganz bewusst an diesen Ort, damit sie gestärkt werden für die Zeit „danach", damit sie erleben, dass es sich lohnt, auf diesen Herrn zu hören und ihm ganz zu vertrauen.

**2. Auf Jesus hören, denn er ist Gottes Sohn!**

Auf wen hören wir eigentlich im Leben? Wem gehört unser Leben? Wem gehorchen wir, d. h. wessen Wort hat Macht und Autorität, meinen Weg zu bestimmen? Jesus - er ist nicht einfach nur der 13. Jünger, der princeps inter pares (der Erste unter Gleichen). Er ist nicht einfach nur „Kumpel" - er ist Gottes Sohn. Wer sagt das? Gott selbst! *„Dies ist mein geliebter Sohn - auf den sollt ihr hören!"* Das ist Metamorphose, wenn Gott uns neu deutlich macht, wer dieser Jesus eigentlich ist - der geliebte Sohn des Weltenherrschers.
Hören wir auf ihn? Wann und wo und wie? Auf wen ist unser Ohr und Herz ausgerichtet? Hören auf Jesus? Welche Rolle nimmt bei dir die Bibel ein? Gibst du ihr das Recht, in dein Leben zu sprechen? Ist es dir wichtig, Gottes Wegweisung zu hören, auch wenn du dafür eine halbe Stunde früher aufstehen musst? Oder stehen wir morgens nur für die Schule oder den Arbeitgeber auf? Jugendarbeit braucht auch diese Berge, auf denen wir wieder neu begreifen, wer das Sagen hat. Wir brauchen Berge der Metamorphose, der Verwandlung - um unsere Herzen neu auf ihn auszurichten.
*„Dies ist mein geliebter Sohn, auf den sollt ihr hören!"* - Metamorphose unseres Herzens, unseres Blickwinkels.

**3. Mit Jesus zu den Menschen**

Petrus möchte Hütten bauen, um den Augenblick festzuhalten - vielleicht würden wir heute die Videokamera zücken, um dieses Highlight des Lebens einzurahmen. Aber Jesus - das High Light der Welt, lässt sich nicht festhalten, will sich nicht festhalten lassen. Nein, die Liebe Gottes versteckt sich nicht in Hütten, ist sich nicht selbst genug in irgendwelchen Nestern und räkelt sich nicht bequem in religiösen Whirlpools. Das High Light ist unterwegs. Hinab ins Tal, hinab zu den Menschen.
Wir brauchen die Berge der Neuorientierung, um dann wieder den Herausforderungen zu begegnen.
Gott sagt: *„Dies ist mein geliebter Sohn, auf den sollt ihr hören!"* - Manchmal ist guter Rat teuer, dieser ist umsonst.

## Gedichtsandacht

### Der Schrei

Pscht! - habt ihr's nicht auch gehört
Da war was wie ein Schrei
Ich hatte Nachrichten gehört
Da war was wie ein Schrei

Der Krieg kam darin vor
Blut und Tod und Kinder mit dabei
Da drang es an mein Ohr
Dieser Schrei so ein Schrei

Und die Terror-Leichen schwimmen
Tausendfach an uns vorbei
Doch der Todeschor der Stimmen
Setzt an zum letzten Schrei

Die Geschichte von Kain und Abel
Ist weder out noch alt
Kein Märchen keine Fabel
Sie nimmt in uns Gestalt

Lest dazu 1. Mose 4,1-16!
Vers 10: *„Die Stimme deines Bruders Abel schreit zu mir von der Erde."*
1. Hören wir die Schreie derer, die hungern und dürsten, die leiden und verfolgt werden?
2. Was können wir ganz konkret tun?

## Weitere Ideen zu Impulsen und Andachten

> *Seid keine Ohrenbläser* (2. Kor 12,20; Röm 1,29): Es geht um üble Nachrede und Heuchelei
> *Seid nicht nur Hörer allein, sondern auch Täter* (Jak 1,19-27): Es reicht nicht Gottes Wort zu hören, es muss auch Taten hervorbringen.
> Joh 10,1-15: *Hören wir auf Jesu Stimme* (V.3)?
> Pilatus und Jesus: Joh 18,33-38: *Sind wir aus der Wahrheit? Können und wollen wir selber Wahrheit leben, hören und sagen?*

**Geschichte von den drei Sieben:**
Zum weisen Sokrates kam einer gelaufen und sagte: „Höre, Sokrates, das muss ich dir erzählen!"
„Halte ein!", unterbrach ihn der Weise, „hast du das, was du mir sagen willst, durch die drei Siebe gesiebt?"
„Drei Siebe?", frage der andere voller Verwunderung.
„Ja, guter Freund! Lass sehen, ob das, was du mir sagen willst, durch die drei Siebe hindurchgeht: Das erste ist die Wahrheit. Hast du alles, was du mir erzählen willst, geprüft, ob es wahr ist ?"
„Nein, ich hörte es erzählen und ..."
„So, so! Aber sicher hast du es im zweiten Sieb geprüft. Es ist das Sieb der Güte. Ist das, was du mir erzählen willst, gut?"
Zögernd sagte der andere: „Nein, im Gegenteil ..."
„Hm ...", unterbrach ihn der Weise, „so lass uns auch das dritte Sieb noch anwenden. Ist es notwendig, dass du mir das erzählst?"
„Notwendig nun gerade nicht ..." „Also", sagte lächelnd der Weise, „wenn es weder wahr noch gut noch notwendig ist, so lass es begraben sein und belaste dich und mich nicht damit."

**Redewendungen**
„ganz Ohr sein" = voll zuhörbereit
„übers Ohr hauen" = betrügen
„aufs Ohr legen" = schlafen
„das Ohr leihen" = zuhören
„die Wände haben Ohren" = Achtung, andere hören mit!
„knüppeldick hinter den Ohren" = gerissen
„noch Eierschalen hinter den Ohren" = jung sein
„bis über beide Ohren verliebt"
„Ohren lang ziehen" = zur Rechenschaft ziehen
„sich etwas hinter die Ohren schreiben" = sich etwas merken
„die Ohren spitzen" = aufmerksam sein
„seinen Ohren nicht trauen"

**Sprichwörter**
„Böse Zunge und böses Ohr sind beide des Teufels." (deutsches Sprichwort)
„Was du ins Ohr flüsterst, wird tausend Meilen weit gehört." (chinesisches Sprichwort)
„Bei tauben Ohren ist jede Predigt verloren." (deutsches Sprichwort)
„Ein hungriger Bauch hat keine Ohren."

## 2.3 Spiele

### Geräusche raten

Geheimnisvolle Geräusche werden auf Kassette aufgenommen und müssen erraten werden. Das Ganze ist auch als Schatzsuche möglich. Dabei muss sich eine Gruppe von Geräusch zu Geräusch vortasten. Zuerst ist vielleicht eine Klospülung zu hören - es geht also Richtung Badezimmer. Versteckt im Badezimmer findet das Team wieder eine Kassette. Auf ihr ist vielleicht eine Bohrmaschine zu hören - ab in den Keller. Am Ende landet das Team beim Rasenmäher im Garten und findet dort den Schatz.

### Geräusche-Memory

In Filmdosen habt ihr ganz unterschiedliche Gegenstände, die verschiedene Geräusche machen, z. B. Büroklammern, Sand usw. - Zwei Filmdosen klingen gleich, sie gehören als Paar zusammen.

### Gebärdensprache - Schatzsuche

Die Gebärdensprache für Taube kann zugleich auch als Geheimsprache verwendet werden. Ohne zu sprechen, liest das Team die Hinweise von den Händen der versteckten Mitarbeiter ab. Dazu gibt es ein Fingeralphabet:

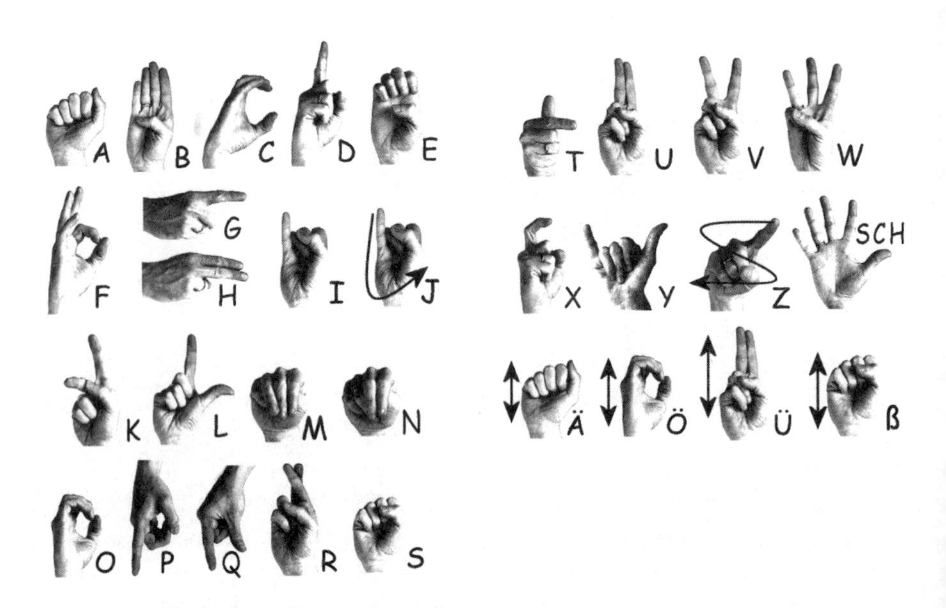

### Blind den Geräuschen folgen

Ein Sprecher führt einen Blinden nur mit Kommandos wie „rechts", „links" und „geradeaus". Andere „gegnerische" Leute können falsche Kommandos dazwischenrufen. Wie gut ist der „Blinde" mit der Stimme seines Partners vertraut - hört er die Stimme heraus?

### Stecknadel fallen hören

Bei diesem Spiel brauchst du sehr konzentrierte Ohren. Es ist wichtig, dass alle Teilnehmer dabei mucksmäuschenstill sind.
Du brauchst: eine Stecknadel, Tisch oder anderen Untergrund mit harter Oberfläche.
Alle Spieler sitzen mit geschlossenen Augen im Kreis. Einer nimmt - mit geöffneten Augen! - die Stecknadel und lässt sie einige Male hintereinander auf den Tisch fallen. Alle anderen spitzen die Ohren und sagen hinterher, wie oft sie die Nadel fallen hörten.

## 2.4 Workshops und Seminare

### 2.4.1 Das Dosentelefon

Du brauchst: zwei leere Blechdosen ohne scharfe Kanten (z.B. von Erdnüssen oder Cappuccinopulver), stabilen Bindfaden, langen Nagel, Hammer, Schere, Klebstoff, Geschenkpapier, Zeitungspapier zum Unterlegen.
Wenn du die Dose mit selbstgestaltetem Papier bekleben möchtest, brauchst du: Papier, Plakatfarbe, Pinsel, Wasserglas.
Stelle beide Dosen mit den Öffnungen auf den Tisch. Schlage vorsichtig mit einem langen Nagel je ein Loch in den Dosenboden. Schneide ein langes Stück Bindfaden (ein paar Meter sollten es schon sein) ab und verknote je ein Ende des Fadens in je einer Dose. Beklebe die Dosen mit Geschenkpapier oder gestalte weißes Papier mit bunten Farben und klebe es um die Dose.
Beim Telefonieren musst du darauf achten, dass der Faden gut gespannt ist. Na, steht die Verbindung?

### 2.4.2 Morsealphabet

Genial ist es, wenn ihr einen „alten" Morser dabeihabt, der euch so ein bisschen auch in die Geschichte des Morsens einführen kann. Ihr könnt die Zeichen als Töne (sinnvoller) oder auch als Geheimschrift einsetzen.

**Buchstaben**

A .- Ä .-.- B -... C -.-. CH —— D -.. E .
F ..-. G —. H .... I .. J .— K -.- L .-..
M — N -. O —- Ö —-. P .—. Q —.- R .-.
S ... T - U ..- Ü ..— V ...- W .— X -..-
Y -.— Z —..

**Zahlen**

0 ——- 1 .—— 2 ..— 3 ...— 4 ....- 5 .....
6 -.... 7 —... 8 —-.. 9 ——.

**Sonderzeichen**

. .-.-.- , —..— = -...- / -..-. ? ..—..
: —.. ' .——. ; -.-.-. ( -.—. ) -.—.-
- -....- „ .-..-.

Unterstreichung ..—.- Unterbrechung -...-.- Warten .-...
Spruchanfang -.-.- Verstanden ...-. Spruchende .-.-.
Irrtum ........ Verkehrsende ...-.-

## 2.4.3 Gebärdensprache

Es wäre klasse, wenn ihr auch einen Workshop zur Gebärdensprache bilden könntet, vielleicht gibt es ja bei euch eine entsprechende Schule.

## 2.4.4 Audio-Workshop

Nehmt ein eigenes Hörspiel oder eine eigene Lieder-CD auf, z. B. zur Bibelarbeit.

## 2.4.5 Telefon-Schreck

Fragt doch mal die Auskunft nach dem Sinn des Lebens oder lasst euch andere witzige Telefon-Aktionen einfallen, die ihr an späterer Stelle in das Programm einbauen könnt.

## 2.4.6 Geführte Stille

Versucht einmal dem Lärm zu entgehen. Schick deine Teilnehmer mit einer Impulsfrage in die Landschaft, z.B.: Auf wen möchtest du wirklich in deinem Leben hören? Wer hat für dich Worte ewigen Lebens? Vielleicht könnt ihr dazu noch ein paar Bibelstellen und/oder das Bild vom hörenden Menschen mitgeben. Danach sind die Teilnehmer eingeladen einmal für eine gewisse Zeit echte Ruhe und Einsamkeit aufzusuchen, vorzugsweise in der Natur, um sich auf die Frage, vor allem aber auf Gott zu konzentrieren.

Gibt es vielleicht ein Kloster oder ein Einkehrhaus bei euch in der Nähe? Nutzt die Möglichkeiten, die euch euer Aufenthaltsort bietet.

## 2.4.7 Mögliche Seminarthemen

**- „Leih mir mal dein Ohr!" - Lernen aufeinander zu hören**

Ein Mann, der andauernde Streitigkeiten mit seiner Frau nicht länger ertragen konnte, bat einen Meister um Rat: „Kaum macht einer von uns den Mund auf, unterbricht ihn der andere schon. Ein Wort, dann haben wir gleich wieder Streit miteinander, und jeder von uns ist mürrisch und schlecht gelaunt", sagte der Mann. Dabei lieben wir uns doch, aber so kann es nicht weitergehen. Ich weiß einfach nicht mehr, was ich machen soll." „Du musst lernen, deiner Frau zuzuhören", sagte der Meister. „Und wenn du sicher bist, dass du diese Regel beherrschst, dann komm wieder zu mir!" Nach drei Monaten sprach der Mann wieder beim Meister vor und erklärte, er habe jetzt gelernt, auf jedes Wort, das seine Frau sagt, zu hören. „Gut", sagte der Meister mit einem Lächeln. „Wenn du in einer glücklichen Ehe leben willst, musst du jetzt noch lernen, auf jedes Wort zu hören, das sie nicht sagt."

Miteinander reden ist schwierig. Nicht nur, weil wir Mühe haben, das zu sagen, was wir meinen, sondern auch deshalb, weil wir eben nur miteinander reden und nicht aufeinander hören. Das Hören wird viel zu oft vernachlässigt. Es gibt einen Unterschied zwischen Hören, Hinhören und Zuhören.
In einem Seminar können Methoden erlernt werden, besser aufeinander zu hören. Am besten ist es sicherlich, wenn ihr euch dafür eine Fachperson einladet.

**- Auf Gott hören lernen**

Wie kann ich ganz konkret lernen, auf Gott zu hören und seinen Willen für mein Leben zu entdecken?
In einem Seminar kann darüber nachgedacht werden, z. B. unter der Anleitung eines Hauptamtlichen, aber auch mit Zeugnissen Einzelner, die Gottes Führung unterschiedlich erlebt haben.

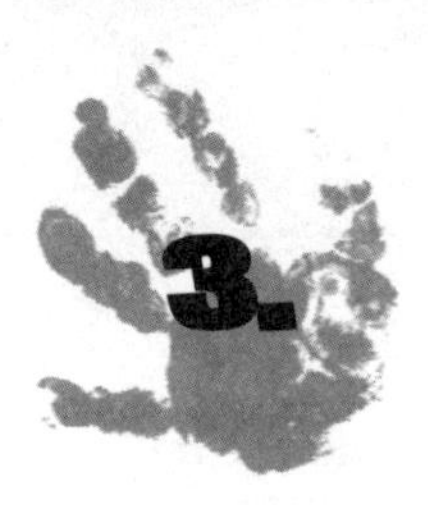


# Echt dufte!

## 3.1 Bibelarbeit konkret: Christsein - echt dufte *(2. Kor 2,14.15)*

**Zielaussage:** Als Christen verduften wir nicht, wenn's schwierig wird, sondern duften in der Welt.

**Möglicher Ablauf:**

1. Lieder
2. Geruchsmemory
3. Lied
4. Spiel: Parfums zuordnen
5. Verkündigung
6. Gruppenphase mit Fragen
7. Ergebnisse der Gruppen „sichtbar" machen, z. B. auf Plakate, Flipchart
8. Ergebnissicherung: Das nehme ich mit!
9. Zum Mitnehmen: Duftbäumchen mit Vers aus 2. Kor 2,14.15
10. Gebet

## Verkündigung - 2. Kor 2,14.15

Es wäre jetzt spannend herauszufinden, wer welchen Duft am liebsten mag oder ob ihr selber gewisse Parfumsorten tragt und wenn ja, welche. Ich kann mich gut an eine Frau bei uns in der Firma erinnern, die eine bestimmte Sorte Parfum so dick auftrug, dass man ihre Duftspur über sämtliche Gänge der Firma verfolgen konnte.
Ähnliches konnte man allerdings auch einmal bei mir erleben, als ich mit einer guten Portion Hundemist an den Hacken quer durch das Firmengebäude ging und mich ständig über den unangenehmen Geruch wunderte, bis man mich schließlich dezent auf mein Schuhwerk aufmerksam machte. Welche Erfahrungen habt ihr schon mit Düften gemacht?
Ich kann mich noch an einige Düfte erinnern: Da sind die herrlichen Düfte meiner Kindheit, wenn meine Mutter mal wieder Kekse gebacken hatte und das ganze Haus in einen fantastischen Duft gehüllt war, oder ich denke an den weihnachtlich geschmückten Raum, der nach frischer Tanne roch. Da sind aber

auch die etwas anderen Erinnerungen und die Palette reicht von der gezielt eingesetzten Stinkbombe in der Schule bis hin zum Kuhfladen, auf dem ich ausrutschte und den ich mit dem gesamten Hosenboden besetzte.
In der Tier- und Pflanzenwelt spielen Gerüche eine noch wichtigere Rolle als bei uns. Natürlich fühlt sich auch beim Menschen mancher Mann vom Duft einer Frau inspiriert und angezogen, viel stärker nutzen das aber die Tiere. Selbst die Blumen duften nicht in erster Linie für unsere Nasen, sondern auch, um ihren Blütenstaub allen Besuchern „anzuhängen" und sich so zu verbreiten.

Aber der Geruch dient auch zur Abwehr. Das sagenumwobene Stinktier ist längst nicht das einzige Tier, das ekelige Düfte abgibt, wenn es in Bedrängnis kommt und sich zur Wehr setzen muss. Hunde setzen ihre Duftnoten, um die Grenzen ihres Reviers deutlich abzustecken. Selbst bei uns Menschen kann der Geruch eines gut geknoblauchten Essens die Grenzen unseres Reviers deutlich erweitern.
Geruch kann Distanz vermitteln, aber auch Nähe. Ich denke einfach an den Duft meines Heimathauses. Jedes Mal, wenn ich nach Hause komme, ist er wieder da, dieser Duft, der mir sagt: Hier ist Zuhause, hier ist ein Ort der Zuflucht und Geborgenheit. Oder denkt an Briefe, die schon vom Geruch her verraten, woher sie kommen: Freundin oder Finanzamt?

Sicherlich könntet ihr noch einige Geruchsstorys dranhängen, aber es würde diese Einheit völlig sprengen. Dafür möchte ich euch aber einige Verse aus diesem Liebesbrief Gottes, genannt Bibel, vorlesen. Da schreibt Paulus, ein Mann, der viel für Gott unterwegs war, an eine Gemeinde in Korinth: *„Von ganzem Herzen danke ich Gott dafür, dass er uns überall im Triumphzug Christi mitführt. Wohin wir auch kommen, verbreitet sich die Erkenntnis wie ein angenehmer Duft, dem sich niemand entziehen kann. Ob die Menschen nun das Evangelium annehmen und gerettet werden, oder ob sie es ablehnen und verloren gehen: Unser Leben als Christen ist ein Wohlgeruch vor Gott. Für die einen ist es ein Verwesungsgeruch, der ihren Tod bestätigt; aber für die anderen ist er ein angenehmer Duft, der ihr neues Leben anzeigt"* (2. Kor 2,14.15).

Ist das nicht gewaltig? Da zieht Paulus mit seinen Leuten durch die Lande, erzählt den Menschen von der Liebe Gottes, die jedem Menschen gilt, und diese Botschaft breitet sich aus wie ein lieblicher Wohlgeruch. Menschen, die die Nase voll haben von falschem, sinnlosen Leben, nehmen das Schnupperangebot Gottes wahr, schnuppern von der Größe und Liebe Gottes.
Es ist wie der Geruch eines Festbratens - und viele begreifen, dass sie eingeladen sind zum Fest Gottes, zum Fest seiner Liebe. Es ist wie der Geruch der Heimat,

der eigentlichen Heimat des Menschen bei Gott, und Menschen erfahren etwas von tiefer Geborgenheit und „zu Hause sein".

Stellt euch vor, dass sich vielleicht von hier aus dieser wohltuende Geruch Gottes ausbreitet. Hinein in die Häuser des Streites, um Versöhnung zu schenken; hinein in die Häuser des Hasses, um Liebe zu verbreiten; hinein in die Häuser der Einsamkeit, um Geborgenheit zu schenken; hinein in die Häuser der Hoffnungslosigkeit, um neuen, weiten Raum und neue Perspektiven aufzuschließen.
Stellt euch vor, dieser Wohlgeruch der Liebe Gottes würde auch über die Felder des Krieges wehen und Versöhnung und Frieden schenken; würde über die Felder des Hungers und Durstes ziehen und Quellen des Lebens erschließen. Stell dir das einmal vor! Und stell dir vor, an dir selbst würde dieser einladende Duft der Liebe Gottes hängen und du könntest diese Liebe weitergeben, andere mit dem Duft anstecken und für die Liebe gewinnen.

*Paulus* schreibt es unumwunden: Es ist so. Wer Gottes Liebe in seinem Leben erfahren hat, wer den Mief des Egoismus abgelegt hat, wer mit Jesus lebendig verbunden ist, der trägt diesen Duft der Liebe Gottes in alle Begegnungen mit Menschen hinein.

*Jesus* ist das beste Beispiel dafür. Wie ein unabwaschbares Parfum trug er die Liebe Gottes in jede Begegnung mit Menschen hinein und veränderte ihr Leben. Ich denke an den Zöllner Zachäus. In den Augen der meisten frommen Leute war er ein „Stinktier", ein Betrüger, der gemeinsame Sache mit den Römern machte und andere übers Ohr haute. Und was macht Jesus? Als er nach Jericho einzieht, da duften schon die gebratenen Gänse der Pharisäer aus den Backröhren, denn es ist doch logisch, dass der Lehrer und Meister Jesus bei den Frommen einkehrt, oder? Doch denkste. Jesus kehrt doch glatt bei diesem Stinkstiefel Zachäus ein. Und während die frommen Leute stinksauer davontrotten, verbreitet sich der Wohlgeruch der Liebe Gottes über das Haus dieses verachteten Zöllners Zachäus. Er selbst gibt den ganzen stinkenden Mief, den er an den Hacken oder anderen in die Schuhe geschoben hat, an Gott ab. In der Begegnung mit Jesus verändert sich das Leben der Menschen.

Oder ich denke an den *Aussätzigen*, der auf Jesus zuläuft. Er wird beschrieben als einer, der total mit Aussatz gekennzeichnet ist. Haare sind ihm ausgefallen, offene aufgeschorfte und blutige Stellen am ganzen Körper, und wo sie nicht blutet, ist die Haut aschfahl. Nach dem Gesetz muss dieser Mann verhüllt laufen und außerhalb der menschlichen Gesellschaft sein Leben fristen. Sollte er

dennoch sogenannten „reinen" Menschen begegnen, so muss er schon von weitem „unrein, unrein" rufen, damit die Menschen die Straßenseite wechseln können, um sich nicht zu verunreinen. Dieser Aussätzige sieht Jesus. Er hat offensichtlich von der Liebe und Macht Jesu gehört, dieser Geruch war Jesus vorausgeeilt und zog Menschen geradezu unwiderstehlich an. Und er läuft los und wirft sich Jesus zu Füßen. Ich kann mir gut vorstellen, wie die Menge, die eben noch um Jesus herumstand, auseinander spritzt, als der Aussätzige auftaucht.
Vielleicht schauen sie jetzt aus der Distanz zu, vielleicht machen auch manche Handzeichen oder rufen, um Jesus deutlich zu machen, dass dieser Mensch unrein ist und er sich doch unbedingt von ihm fernhalten soll. Was macht Jesus? Unglaublich! Jesus kniet sich nieder, umarmt den Mann und heilt ihn. Das Wunder beginnt für mich nicht erst mit der Heilung, allein die Umarmung bringt schon die ganze wunderbare Liebe Gottes zum Ausdruck. Diese Liebe Gottes duftet und verduftet nicht - Jesus verduftet nicht angesichts der Nöte dieser Welt, angesichts der Schuld dieser Welt - ganz egal, wie stinkend und unansehnlich sie sein mag. Jesus macht sich nicht aus dem Staub, sondern in den Staub und macht Gottes unbedingte und bedingungslose Liebe ganz deutlich und spürbar.

In diesem Duft liegt etwas von dem Fest Gottes, das wir einmal feiern werden, und von der Heimat bei Gott, bei der wir einmal zur Ruhe kommen werden. Diese Liebe Gottes, dieser Wohlgeruch gilt allen, egal, ob sie stinkbesoffen oder stinkfaul sind, stinkreich oder armselig arm, stinksauer oder liebreizend nett. Und sie gilt auch den Stinknormalen.

## Aufgaben für die Gruppenphase:

***BOSS***

*Welche Rolle spielt Gott eigentlich in deinem Leben? Ist er eher an den Rand gedrängt oder fragst du bewusst danach, was Gott eigentlich möchte?*

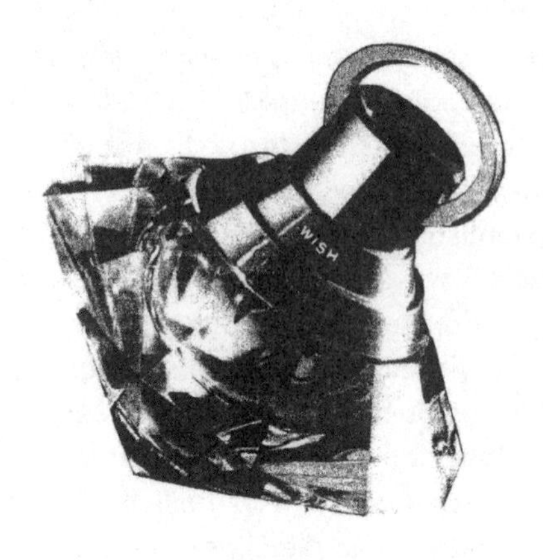


## *WISH*

*Wenn du an dein momentanes Leben mit Jesus denkst - was wünschst du dir besonders? Wie kannst du das in deinem Leben umsetzen?*

## *EGOISTÉ*

*Wo gab es Situationen in den letzten Tagen und Wochen, wo du eher ein Stinkstiefel als ein Wohlgeruch Gottes warst? Wo hast du selber den Egoismus anderer zu spüren bekommen?*

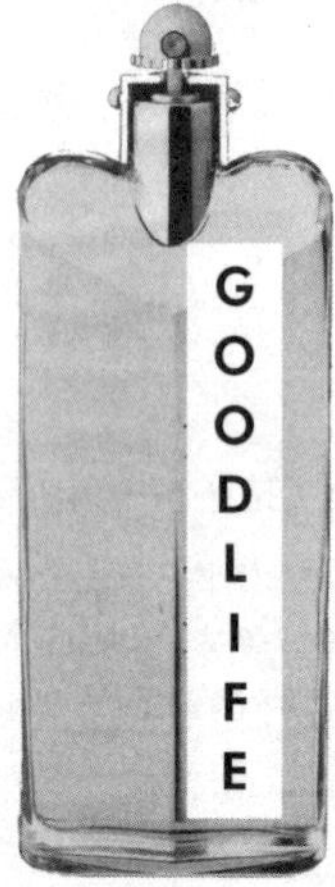


## GOOD LIFE

*Welche Augenblicke, Stunden, Tage waren für dich in deinem Leben mit Gott besonders wertvoll? Warum? Wo waren andere Menschen für dich ein Wohlgeruch Gottes, wo konntest du so jemand für andere sein?*

# 3.2 Andachten und Entwürfe

## Bildandacht

Welche biblische Szene wird hier beschrieben?

Die Fußwaschung. Jesus wäscht seinen Jüngern die stinkenden, schweißigen Füße. Wie findet das Petrus? Sein Finger geht zum Kopf, deutet an: Herr, du bist doch verrückt! Du verrückst alle Maßstäbe der Welt. Du bist doch der Herr, nicht der Diener!

*Lest noch einmal nach in Johannes 13,1-17:*

- Stell dir vor, ein Freund würde so vor dir knien und deine Füße waschen! Was würdest du denken? Warum?
- Welche „stinkenden" Altlasten und Giftmüllfässer möchtest du an Jesus abgeben? Lasst die Leute ihren Müll in Müllsäcke abladen - das Ganze wird hinterher verbrannt (Müllverbrennungsanlage).
- Warum macht Jesus das? Was meint ihr? Wie passt das in unsere Bilder von Macht?
- Wie bewertet ihr Vers 15? Wie können wir das Beispiel Jesu aufgreifen und anderen dienen?
- Im Vers 17 deutet Jesus an, dass man etwas wissen kann, aber damit noch lange nicht tut. Jesus preist den aber glücklich, der nicht nur theoretisch über „Dienen" nachdenkt, sondern es auch tut. Wie könnt ihr das praktisch einüben?

## Der stinkt doch schon (Gedanken zu Joh 11,1-45)

Die biblische Archäologie hält uns das Geschehen aus Johannes 11 wieder lebendig vor Augen. Forscher haben das Haus des Lazarus gefunden sowie einen Grabstein mit der Inschrift: „Herr, der du den Lazarus auferweckt hast, erinnere dich deines Dieners Ascepios." Die Auferweckung des Lazarus hatte Wellen geschlagen und noch der Kirchenvater Eusebius berichtet um 300 n.Chr. von einer Verehrung des Grabes von Lazarus in Bethanien.
1954 kauften Franziskanermönche einen Teil des Geländes und errichteten die Lazaruskirche. Doch welches Abenteuer war der Ausgangspunkt für all das?

### 1. Da lag einer krank

So beginnt die Story. Einer liegt krank. Wir kennen seinen Namen. Wir kennen seine Schwestern. Wir kennen den Ort - Bethanien, keine drei Stunden zu Fuß von Jerusalem entfernt. Die Schwestern kennen einen, der ihren Bruder liebt und der helfen kann - Jesus. Sie schicken Freunde zu ihm mit der Botschaft: *„Herr, siehe, den du lieb hast, der liegt krank!"*
Jesus - das ist die richtige Adresse, denn er ist der, der wirklich liebt und helfen kann - auch uns.

### 2. Jesus entscheidet sich für uns

Die Nachricht erreicht Jesus auf dem Rückzug. Angefeindet von den frommen Pharisäern hatte sich Jesus zurückgezogen, nur knapp war er einer Steinigung entgangen. Soll er nun wieder zurückgehen, in das Gebiet, wo man sich gegen ihn verschworen hat?
Ja, er geht zurück, zurück nach Judäa, zurück nach Bethanien, zurück, wo die Steine, die ihm galten, noch bereit liegen. Die Jünger versuchen ihn abzuhalten, malen die Gefahr vor Augen. Doch Jesus entscheidet sich für Lazarus.
Aber Jesus hat sich nicht nur für Lazarus entschieden, sondern auch für dich und mich. Er hätte dem Kreuz aus dem Weg gehen können, er hätte sich gut aus der Affäre ziehen können, aber er tat es nicht. Er entschied sich dafür, für mich und dich zu sterben. Warum? Damit wir neu werden dürfen. Damit wir - im Vertrauen auf ihn - neues, erfüllendes Leben erhalten. Hier wird das alte Prophetenwort wach und wahr: *„Fürwahr, er trug unsere Krankheit und lud auf sich unsere Schmerzen. Die Strafe liegt auf ihm, auf dass wir Frieden hätten, und durch seine Wunden sind wir geheilt"* (Jesaja 53,4.5).

### 3. Jesus verspätet sich nicht

Ist Jesus zu spät gekommen? Als er eintrifft, ist Lazarus bereits vier Tage tot. Alles umsonst? Hat der Tod den Sieg davongetragen? Das Wort der Schwestern wiegt

schwer: *„Herr, wärest du da gewesen, es wäre nicht passiert!"* - Zweifel und Anklage schwingen in diesen Worten mit. Hat Jesus versagt? Oder hat Jesus einen ganz anderen Blick auf Leid und Tod?
Kennst du diese Fragen? Wo war Jesus? Hat er mich nicht gehört, nicht gesehen? Aber Jesus hat einen viel weiteren Blick auf unser Leben und er will, dass uns alle Dinge zum Besten dienen. Vertrauen wir ihm?

**4. Jesus rettet**
Jesus kommt nicht den Toten zu betrauern, sondern den Tod zu besiegen. Und er befiehlt: Hebt den Stein weg! „Moment mal", Maria fährt dazwischen, *„Herr, lass gut sein! Ich hätte mir sehnlichst gewünscht, dass du da gewesen wärest, als Lazarus im Sterben lag. Nun ist er aber tot - lass gut sein, er stinkt schon!"* Nach dem damaligen Volksglauben schwebt die Seele des Verstorbenen noch drei Tage um den Toten. Am vierten Tag aber entfernt sich die Seele, der Tod wird unwiderruflich und die Verwesung beginnt. Doch Jesus erinnert Maria an ihr eigenes Bekenntnis: *„Ich bin die Auferstehung und das Leben! Glaubst du das?"* - Glauben wir das? Einige Männer haben inzwischen den Stein vom Grab weggenommen - doch Jesu Blick geht nicht in die Grabeshöhle, sondern gen Himmel. Im Vertrauen auf den Vater dankt Jesus im Voraus für das Wunder, das geschieht. Auf Jesu Wort hin tritt Lazarus vom Tod ins Leben, von der Dunkelheit des Grabes an das Licht des Tages (Out of the dark - into the light!). Welch eine unbändige Kraft des Lebens steckt in Jesu Worten!

So hat ein Franziskanermönch die Geschichte in Szene gesetzt:

**Wo stehen wir in diesem Bild?**
1. Rümpfen wir die Nase und wenden uns ab wie die zwei Männer im Hintergrund?
2. Beten wir an wie Maria und Martha?
3. Tuscheln wir ungläubig oder verräterisch? Diskutieren wir rund ums Wunder? Versuchen wir nur lehrmäßig aufzunehmen, was hier gerade passiert ist?
4. Nehmen wir die Befreiungstat Jesu dankbar an wie Lazarus?

Jesus sagt: *„Löst ihm die Binden und lasst ihn gehen!"* Jesus ruft so auch dich vom Tod ins Leben, von der Dunkelheit ins Licht. Er möchte dir die Binden lösen, die dein Leben immer noch einengen und gefangen halten - er möchte dir echte Freiheit schenken. Auferstehst du heute zu neuem Leben?

## Lieblicher Geruch (Eph 5,2; Phil 4,18)

Jesus hat sich selbst hingegeben als lieblicher Geruch an diese Welt. Wer eng mit ihm verbunden lebt, der wird auch nach ihm riechen! Riecht man an dir deine Nähe zu Jesus? Man sagt, wenn man jemandem drohen will: Riech mal an meiner Faust, sie riecht nach Schmerzen! Riecht man an dir, dass du Gottes Liebe und Leben in dir und an dir trägst?

Paulus erfährt die Liebe der anderen als Wohlgeruch, wie einen duftenden Liebesbrief. Wie steht es um unseren Jugendkreis-Muff? Wonach riecht es bei euch? Riecht es danach, als könnte man bei euch Jesus kennen lernen? Oder pflegen wir mehr die Gerüchte-Küche als die Wohlgeruchs-Küche?

## Weitere Ideen zu Impulsen und Andachten

### Redewendungen

*„immer der Nase nach"*
*„jemandem etwas auf die Nase binden"* - etwas verraten
*„jemandem eine Nase drehen"* - verspotten
*„auf die Nase fallen"* - Misserfolg haben
*„sich an die eigene Nase fassen"* - um eigene Angelegenheiten kümmern. (Herkunft vermutlich aus normannischer Rechtshandhabung: Ein Verleumder, der seine Äußerung zurückziehen musste, war verpflichtet während des Widerrufs sich an die eigene Nase zu fassen)
*„deine Nase gefällt mir nicht"* - Tatsächlich gab es Studien, nach denen die Nase ein wichtiges Kriterium für Schönheit und Sympathie war.
*„die Nase voll von etwas haben"*
*„jemandem auf der Nase herumtanzen"*
*„jemandem etwas unter die Nase reiben"* - Vorhaltungen machen
*„sich eine goldene Nase verdienen"*
*„den richtigen Riecher haben"*

## 3.3 Spiele

### Parfumsorten zuordnen
Drei Mädchen erhalten eine „Duftnote" eines Parfums auf ihr Handgelenk. Dann müssen drei Jungs nacheinander erst an den Parfumflaschen und dann an den Handgelenken der Damen riechen. Wer kann die meisten Parfums richtig zuordnen?

### Der Duftspur folgen
In Teams müssen Schätze gefunden werden. Der Weg führt allein über den Geruchssinn, d.h. man muss seiner Nase trauen. Jede Gruppe hat „ihren" Duft, der sie zu „ihrem" Schatz führt. Die Duftspur führt zum Ziel. Wer findet ihn zuerst?

### Taschentuch-Band
In Teams werden Tempos so zusammengeknotet, dass ein möglichst langes und stabiles Band entsteht. Nach der vorgegebenen Zeit wird per Ruck die Stabilität geprüft. Ist das Band stabil genug, wird die Länge gemessen. Wer schafft das längste Taschentuchband?

### Geruchs-Memory
Immer zwei Behälter (Filmdosen) beinhalten den gleichen Geruchsstoff. Nun müssen blinde Spieler nur mit ihrer Nase die partnerschaftlichen Duftbehälter zusammenführen.

## 3.4 Workshops und Seminare

### 3.4.1 Parfum herstellen, z. B. Vanille-Duftwasser
- Zwei Vanillestangen leicht anschlitzen, in eine schön geformte bauchige Flasche geben, 80 ml 50%igen Alkohol darüber gießen
- Flasche gut verschließen, drei Tage ziehen lassen
- Schoten entfernen, 1/4 l destilliertes Wasser hinzufügen
- Hübsch mit einer Stoffschleife dekoriert, ein schönes kleines Geschenk.

### 3.4.2 Mögliche Seminarthemen:
- **Gerüchte verbreiten einen üblen Geruch:** Wie gehe ich mit dem um, was ich höre? Warum streuen wir so gerne Gerüchte?
- **„Fass dich an deine eigene Nase!"** Darf ich eigentlich einen anderen kritisieren, obwohl ich selber Fehler mache und Macken habe?

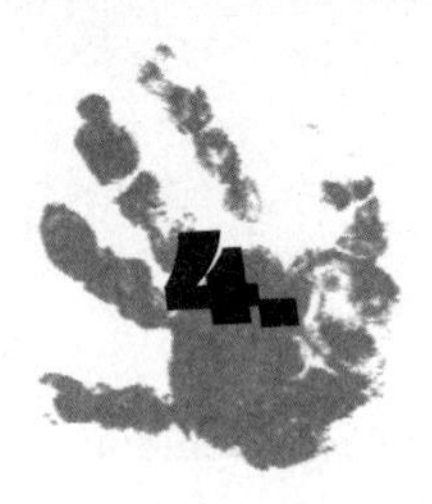

# 4. Jesus, berühre mich!

## 4.1 Bibelarbeit konkret: Ver-Säume Jesus nicht *(Mk 5,24-34; Mk 6,56)*

**Zielaussage:** Jesus kommt um zu heilen. Nutzen wir die Chance zu neuem Leben?

**Möglicher Ablauf:**
1. Lieder
2. Spiel: Baum wieder finden
3. Geschichte von den weisen Gelehrten
4. Lied: Jesus, berühre mich
5. Verkündigung
6. Gruppenphase mit Fragen
7. Ergebnisse der Gruppen „sichtbar" machen, z.B. auf Plakate, Flipchart
8. Ergebnissicherung: Das nehme ich mit!
9. Gebet

### Verkündigung

Echt eine verdrehte Geschichte! Da kommt Jesus gerade von großen Herausforderungen, in denen er seinen Jüngern deutlich machte, dass er der Herr ist über die Schöpfung und unsere Angst (Sturmstillung, Mk 4,35-40) sowie über die Kraft der Dämonen (Mk 5,1-20), da kommt die nächste Konfrontation, die nächste Stufe: die Auseinandersetzung mit Krankheit und Tod. Ist Jesus auch hier noch Herr? Ist Jesus auch noch mächtiger als die fesselnden Kräfte von Leid und Tod?

Mitten im Getümmel der Menschen, mitten im Aufbruch, um ein todkrankes Kind zu heilen, wird Jesus berührt. Natürlich! Logisch! Voll nachzuvollziehen, dass die Jünger nicht begreifen, was Jesus meint, als er plötzlich stehen bleibt und fragt: „Wer hat mich berührt?" Das Unverständnis der Jünger ist groß: „Hey, Jesus, hier sind Dutzende, Hunderte von Menschen und sehr viele berühren dich, was ist los?"

Aber Jesus hat die Besonderheit dieser Berührung gespürt: eine Berührung aus Not, eine Berührung aus Angst, eine Berührung aus Glauben.

## 1. Was kostet es die Frau?

Die Krankheit der Frau war weit verbreitet. Im Talmud werden elf Mittel dagegen beschrieben, von denen nicht wenige sehr abergläubisch anmuten, z.B.: „Die Asche eines Straußeneis im Sommer in einem Leinenlappen, im Winter in einem Baumwolllappen bei sich tragen oder auch ein Gerstenkorn, das im Kot einer weißen Eselin gefunden wurde" (William Barclay).
Doch fast noch schlimmer als die Krankheit wiegt das Urteil der religiösen Gesellschaft, denn ein Mensch, der damit behaftet war, galt als unrein und war damit vom Gottesdienst und vom religiösen Leben der Gemeinschaft ausgeschlossen.
Die Frau hatte es sich schon viel kosten lassen, geheilt zu werden. Ihr gesamtes Gut ging dabei drauf, aber ohne Erfolg. Kein Arzt konnte ihr helfen, im Gegenteil, es wurde sogar noch schlimmer.
Dann hörte sie von Jesus und sicher auch von manchem Heilungswunder. Er ist ihre Chance. Was hat sie zu verlieren, ihre Hoffnung gehört diesem Mann?! Doch wie kommt sie an ihn heran, unrein wie sie ist und umringt wie Jesus ist?! Ein öffentliches Treffen, wie es noch zuvor der Synagogenvorsteher Jairus mit Jesus hat, kann sie sich wohl abschminken, aber vielleicht kann sie wenigstens den Saum des Gewandes Jesu berühren. Alle frommen Juden trugen zur Zeit Jesu Gewänder mit Quasten an den vier Zipfeln, ganz nach der Weisung aus 4. Mose 15,38-40. Das machte sie erkennbar als zum erwählten Volk zugehörig und erinnerte sie zugleich an die Gebote Gottes.
Es kostet der Frau Mut und viel Vertrauen, als sie sich heimlich von hinten Jesus nähert und ihn an den Quasten des Gewandes berührt. Sofort versiegt die leidbringende Quelle und sie ist befreit von der Plage, die sie zwölf Jahre gefangen hielt.

## 2. Was kostet es Jesus?

Unmöglich, aber wahr! Jesus spürt die Berührung. Umringt und berührt von vielen Menschen, im ganzen Lärm und Getümmel und mitten in der Mission, der Tochter des Jairus zu helfen, hält er plötzlich inne und dreht sich um: Wer hat mich angerührt?
Es geht Kraft von Jesus aus, heilende Kraft, die der glaubenden Frau die Befreiung schenkt. Er spürt es. Er hält inne. Er will wissen, wer es war - warum?
Will er die Person zur Rechenschaft ziehen, so wie es vielleicht die zitternde Frau befürchtet, die sich schließlich outet? Nein, ganz sicher nicht. Eher im Gegenteil, um die eine Person kennen zu lernen, die ihn nicht berührte, um mit ihm gesehen zu werden, die ihn nicht berührte, um gut Kumpel mit Jesus zu sein, sondern im Vertrauen und Glauben von ihm das Heil zu empfangen.
Jesus hat es die höchste Strafe gekostet, am Kreuz von Golgatha für uns zu ster-

ben, aber gerade hier ging die größte Kraft von ihm aus. In seinem Tod finden wir das Heil, wenn wir voller Vertrauen und Glauben mit unserer Krankheit, unserer Schuld zu ihm kommen; wenn wir ihn nicht nur einmal berühren aus Goodwill; wenn wir nicht nur einen Blick auf das Christsein werfen, aber lieber distanziert bleiben; wenn wir nicht nur hin und wieder mal im Gottesdienst oder Jugendkreis auftauchen und Jesus als ganz netten Kumpel bezeichnen. Nein, nur wer diesen Jesus am Saum packt, wer es nicht ver-säumt, dass Jesus an ihm vorübergeht und nichts geklärt, nichts vergeben, nichts neu geworden ist.
An diesem Tag wurde Jesus von vielen Menschen berührt, aber diese Frau wurde gesund. Was war an ihrer Berührung anders? Sie glaubte und vertraute und warf ihre ganze Zuversicht und Hoffnung auf Jesus. Heutzutage wird Jesus von vielen Menschen berührt. Sie schauen mal in die Kirche, sie lesen mal ein Buch oder gehen sogar mal in einen Jugendgottesdienst, aber es ändert sich nichts in ihrem Leben, nichts, rein gar nichts, wenn sie Jesus einfach nur einen guten Mann sein lassen und die Chance ver-säumen, ihm ihr Leben und all ihre Krankheit hinzulegen und neu zu werden.
Es gibt so einen netten Song: „Tausendmal berührt, tausendmal ist nichts passiert, tausend und eine Nacht und es hat „woom!" gemacht!" Vielleicht hast du Jesus auch schon tausendmal berührt - vielleicht bist du sogar in einem frommen Elternhaus groß geworden und hast Jesus scheinbar dauernd berührt. Du kannst wirklich ein Leben lang neben Jesus her leben, in scheinbarer Nähe, aber nie wirklich mit ihm zusammen.
Man kann Jesus immer wieder an sich vorüberziehen lassen, vielleicht weil man denkt: Der hat eh keine Zeit für mich und mein kleines Leben. Aber die Geschichte zeigt etwas anderes. Trotz wichtigster Mission hält Jesus inne, um sich den einen Menschen anzusehen, der ihn nicht beiläufig berührte, sondern voller Glauben. Jesus ist nicht zu beschäftigt, als dass er nicht auch heute innehält und sich daran freut, wenn ein Mensch ihn wirklich berührt, ihm wirklich sein Leben übergibt. Jesus hat es alles gekostet, das Heil für dich und mich zu erringen, um uns von aller inneren Krankheit, die uns kaputtmacht und wegbringt vom echten Leben, zu befreien. Versäume es nicht, diesen Jesus heute zu berühren und alles von ihm zu erwarten!

### 3. Was kostet es dich?

Die Geschichte der Frau macht die Runde (vgl. auch Mk 6,56). Tatsächlich: Jesus hält nicht nur fromme Tischreden, sondern er packt das Leid und die Krankheiten dieser Welt an - auch mein Leben, auch meine Schuld, die mich belastet und an einem befreiten Leben hindert.
Was kostet es dich, heute Jesus im festen Glauben an ihn zu berühren und ihm

heute all das abzugeben, was dein Leben belastet und einengt? Was kostet es dich, heute ganze Sache zu machen und ihm dein Leben zu geben, damit es neu und erfüllt werden darf?
Versäume Jesus heute nicht! Im Hebräerbrief werden wir dringend aufgefordert, nicht die Gnade Gottes zu versäumen (Hebr 12,15), sondern die Gnade Gottes beim Saum zu packen. Was wäre wohl aus der Frau geworden, hätte sie die Chance versäumt, von Jesus geheilt zu werden? Jesus geht nicht dauernd so nah an uns vorbei. Vielleicht kommt er uns auf einer Freizeit näher, wo wir uns einmal Zeit nehmen und uns näher mit ihm und seinem Wort beschäftigen als im normalen Alltag.

### Aufgaben für die Gruppenphase:

- Hat euch das Wort Gottes schon einmal wirklich „berührt" und verändert? Wie, wann?
- Wie können wir es vermeiden, Gottes Gnade zu versäumen - persönlich und als Jugendkreis?

## 4.2 Andachten und Entwürfe

### Die fünf Gelehrten

Es waren einmal fünf weise Gelehrte. Sie alle waren blind. Diese Gelehrten wurden von ihrem König auf eine Reise geschickt und sollten herausfinden, was ein Elefant ist. Und so machten sich die Blinden auf die Reise nach Indien. Dort wurden sie von Helfern zu einem Elefanten geführt. Die fünf Gelehrten standen nun um das Tier herum und versuchten, sich durch Ertasten ein Bild von dem Elefanten zu machen. Als sie zurück zu ihrem König kamen, sollten sie ihm nun über den Elefanten berichten.
Der erste Weise hatte am Kopf des Tieres gestanden und den Rüssel des Elefanten betastet. Er sprach: „Ein Elefant ist wie ein langer Arm."
Der zweite Gelehrte hatte das Ohr des Elefanten ertastet und sprach: „Nein, ein Elefant ist vielmehr wie ein großer Fächer."
Der dritte Gelehrte sprach: „Aber nein, ein Elefant ist wie eine dicke Säule." Er hatte ein Bein des Elefanten berührt.
Der vierte Weise sagte: „Also ich finde, ein Elefant ist wie eine kleine Strippe mit ein paar Haaren am Ende", denn er hatte nur den Schwanz des Elefanten ertastet.

Und der fünfte Weise berichtete seinem König: „ Also ich sage, ein Elefant ist wie ein riesige Masse, mit Rundungen und ein paar Borsten darauf." Dieser Gelehrte hatte den Rumpf des Tieres berührt.
Nach diesen widersprüchlichen Äußerungen fürchteten die Gelehrten den Zorn des Königs, konnten sie sich doch nicht darauf einigen, was ein Elefant wirklich ist. Doch der König lächelte weise: „Ich danke Euch, denn ich weiß nun, was ein Elefant ist: Ein Elefant ist ein Tier mit einem Rüssel, der wie ein langer Arm ist, mit Ohren, die wie Fächer sind, mit Beinen, die wie starke Säulen sind, mit einem Schwanz, der einer kleinen Strippe mit ein paar Haaren daran gleicht, und mit einem Rumpf, der wie eine große Masse mit Rundungen und ein paar Borsten ist." Die Gelehrten senkten beschämt ihren Kopf, nachdem sie erkannten, dass jeder von ihnen nur einen Teil des Elefanten ertastet hatte und sie sich zu schnell damit zufrieden gegeben hatten.

Wir meinen sehr schnell zu wissen, was Sache ist, und nehmen oft zu wenig wahr, welche Erkenntnisse andere gesammelt haben. Unser Bild von jemandem oder etwas basiert oft nur auf einem bestimmten Blickwinkel - es tut gut auch die Sichtweisen anderer mit einzubeziehen.

## Jesus berührt den Aussatz (Lk 5,12-16)

- Jesu ganzer Einsatz gegen den Aussatz (auch für unseren nicht so sichtbaren Aussatz)
- Der Aussätzige vertraut und weiß, dass Jesus heilen kann - ich auch?
- Jesus sucht die Beziehung zu Gott und das Auftanken vor ihm - ich auch?

## Die Heilung der verkrümmten Frau (Lk 13,10-17)

- Jesus sieht Menschen: Im Getümmel des Synagogenlebens sieht Jesus diese Frau, die viele längst übersehen.
- Jesu Berührung er-löst und richtet auf: Jesus ist nicht zuerst der Richter, sondern der Auf-Richter. Er verhilft uns zu einem „aufrichtigen" und „aufrechten" Gang.
- Wir dürfen Auf-Richter sein für andere, die in sich verkrümmt sind, wie Luther es ausdrückt, weil ihnen die lösende und aufrichtende Kraft Gottes fehlt.

## 4.3 Spiele

### Ein Paar Schuhe finden

Wie gut ist dein Tastsinn? Kannst du mit geschlossenen Augen Gegenstände erfühlen, z. B. den passenden „linken Schuh"?
Du brauchst: ein Paar Schuhe und verschiedene Schuhe für den linken Fuß
Lege verschiedene Schuhe für den linken Fuß in den Sitzkreis. Nimm den einzigen Schuh für den rechten Fuß in die Hände. Sieh ihn dir genau an und ertaste ihn. Erfühle jedes Detail und schließe dann die Augen. Finde durch Ertasten den passenden Schuh für den linken Fuß aus der Kreismitte. Kannst du verschiedene Materialien erfühlen? „Sehen" deine Hände unterschiedliche Formen?

### Der Gelderkennungsautomat

Kennst du alle Geldstücke? Kennst du sie auch so gut, dass du sie mit geschlossenen Augen wieder erkennst? Probiere es aus!
Du brauchst: einige Mitspieler, verschiedene Geldmünzen
Jeder Teilnehmer sucht sich einen Partner und jedes Paar bekommt sechs Geldstücke. Schaut euch die Geldstücke genau an. Schließe nun deine Augen! Dein Partner legt dir eines der Geldstücke in die Hand. Taste es sorgfältig ab und rate, welchen Wert es hat. Hast du richtig geraten? Dann hast du einen guten Tastsinn. Bist du schon Geldmünzenspezialist? Dann lasse dir mehrere Münzen in die Hand legen und errechne ihren Gesamtwert. Das ist schon etwas schwieriger.

### Baum wieder finden

Die Übung findet im Freien statt. Einer Person werden die Augen verbunden und sie wird von einer anderen Person zu einem Baum geführt in einem zuvor festgelegten Gelände. Die „blinde" Person lernt den Baum durch konkrete Anleitung des Partners / der Partnerin kennen. Z. B.: Lebt der Baum noch? Kannst du ihn mit deinen Armen umfassen? Kannst du Pflanzen finden, die auf ihm wachsen? .... Dann wird die „blinde" Person zum Ausgangspunkt zurückgeführt und die Augenbinde entfernt. Ihre Aufgabe ist es nun, den Baum sehend wieder zu finden.

### Tast-Memory

In einigen Behältern sind ganz unterschiedliche Gegenstände. Nun gilt es blind die Paare zu ertasten, die gleich sind.

## 4.4 Workshops und Seminare

### 4.4.1 Führung durch Berührung

Eine „blinde" Person wird über ein Gelände geführt. Dabei darf kein Wort gesprochen werden. Die Richtungsanweisung erfolgt über die Berührung. Ein Klaps auf die rechte Schulter bedeutet „nach rechts", ein Klaps auf die linke Schulter bedeutet „nach links" und ein Klaps auf den Rücken bedeutet „geradeaus". Wie habt ihr als Führender und Geführter die Übung erlebt? Angst, den anderen falsch zu leiten? Angst, dem anderen nicht wirklich vertrauen zu können?

### 4.4.2 Massage-Kurs

Hier lebt die Wellness auf. Genial wäre es, einen richtigen Masseur einzuladen, der einem ein paar gute Massage-Tipps weitergibt und ein paar Teilnehmer (und natürlich gestresste Mitarbeiter) massiert.

### 4.4.3 Geh-Parcours

Schon einmal über Scherben, Sand, Muscheln und andere Materialien gegangen? In einem geführten Parcours wird man „blind" über diese Materialien geführt, die in einzelnen Boxen aufgebaut sind und einen Weg ergeben. Achtung: Gefährlichere Einheiten nur mit erfahrenem Personal durchführen!

# Das schmeckt mir

## 5.1 Bibelarbeit konkret: Jesus deckt auf *(Lk 9,1-20)*

**Zielaussage:** Jesus macht aus deinen zwei Fischen und fünf Broten die Fülle!

Möglicher Ablauf:

1. Lieder
2. Spiel: Geschmackstest
3. Lied
4. Verkündigung
5. Gruppenphase mit Fragen
6. Ergebnisse der Gruppen „sichtbar" machen, z.B. auf Plakate, Flipchart
7. Ergebnissicherung: Das nehme ich mit!
8. Zum Mitnehmen: Was Leckeres mit Bibelvers
9. Gebet
10. Hinterher: gemeinsames Essen (lecker!)

Auch mit gemeinsamem Abendmahl denkbar.

### Verkündigung

*Der Verkündiger kommt von hinten herein und bittet alle ihre Naturalien abzugeben, weil der gesamte Ort mit Essen versorgt werden muss. Eingeweihte Personen werfen ihm daraufhin fünf Brötchen und zwei echte Fische hin.*

„Wie - soll das etwa reichen? Das reicht doch nie! Den ganzen Ort versorgen mit diesen läppischen Brötchen und Makrelen? Ein bisschen mehr hatte ich schon erwartet - ist das alles?

Obwohl, das Ganze soll ja schon einmal geklappt haben - nicht hier, zumindest noch nicht hier, nee, irgendwo in Israel, in der Nähe von Betsaida. Das heißt auf deutsch übrigens „Haus der Fischerei".

Dorthin hatte sich Jesus mit seinen Leuten zurückgezogen. Die hatten ja auch einiges hinter sich. Jesus hatte sie - immer zu zweit - ausgesandt, um zu heilen und das Evangelium weiterzugeben. Und nun waren sie wiedergekommen und erzählten absolut begeistert von ihren Erlebnissen, denn Gott hatte tatsächlich vollmächtig durch sie gehandelt. Das muss der Hammer gewesen sein! Diese

Jünger, zumeist Fischer von Beruf, konnten plötzlich mit Gottes Kraft Menschen heilen und auch von Dämonen befreien - wow! Begeistert kommen sie nun zurück und schwelgen in Erzählungen. Jesus nimmt sich für sie Zeit, hört zu und freut sich mit ihnen.

Lange währt das allerdings nicht, denn die Leute der Umgegend haben spitzbekommen, wer da in ihrer Nachbarschaft Einkehr hält, und da der Ruf der Jesusleute durch ganz Israel schallte, kamen auch jetzt viele, um zu hören, geheilt zu werden oder einfach nur mal einen Blick auf den großen Meister zu werfen. Und so wird plötzlich aus dem kleinen beschaulichen Ort eine riesige Menschenansammlung mit weit über 5.000 Menschen - Wahnsinn! Aber Jesus schickt jetzt nicht seine Jünger wieder los, nach dem Motto: Ihr Zwölf macht das schon! Nein, er gönnt ihnen die Ruhe und Zeit und kümmert sich selbst um die Menschen. Er beginnt, ihnen von Gott zu erzählen und von der Möglichkeit, ein neues, echtes Leben zu erhalten, er nimmt sich der Kranken an und heilt sie. Na, da ist es ja auch kein Wunder, dass er gar nicht bemerkt wie die Stunden vergehen und die Mägen rumoren. Wie gut, dass er seine aufmerksamen Jünger dabei hat. Einige von ihnen sprechen Jesus an und sagen: „Jesus, es ist schon ziemlich spät, lass die Leute gehen, damit sie sich in den Dörfern und Höfen umher Essen besorgen können, denn wir sind hier mitten in der Wüste!"

Guter Vorschlag, oder? Aber Jesus dreht sich um und erwidert doch glatt: „Gebt ihr ihnen zu essen!" - „Wir?" Die Jünger schauen sich erstaunt an. „Jesus, wir haben doch nur fünf Brote und zwei Fische. Das reicht gerade mal für ein paar Fischbrötchen für uns, aber nie und nimmer für diese Masse Mensch. Wir haben hier schließlich keine Walfische! Und es sind hier über 5000 Leute. Da werden einige in die Röhre gucken müssen, in die Speise-Röhre, die leere Speise-Röhre! Das wird doch nie was, Jesus! Da kannst du dir ein Ei drauf backen, aber nicht mal die haben wir.
Aber Jesus lässt sich nicht beirren. Im Gegenteil, er will allen Ernstes das Ding durchziehen und fordert seine Leute auf, das Ganze zu organisieren. O.k., es wird gemacht! Die Menschen setzen sich zusammen in Gruppen zu je 50. Und nun? Nun geschieht das Verrückte - nun ver-rückt Jesus wieder ein paar menschliche Grundgesetze. Jesus nimmt die fünf Brote und zwei Fische, streckt sie Gott entgegen und dankt ihm dafür. Dann bricht er das Brot und gibt es den Jüngern und, unglaublich, aber wahr: die Jünger teilen aus und teilen aus und teilen aus ..., aber es wird einfach nicht weniger. Alle werden satt, ja mehr noch! Am Ende bleiben sogar noch zwölf Körbe voll nach - für jeden Jünger noch 'ne fette Nachtration. Wahnsinn!

Wir schaffen es vielleicht aus einer Mücke einen Elefanten zu machen, aber aus fünf Broten und zwei Fischen ein Menü für 5000 Menschen und mehr? Ganz sicher nicht, oder doch, wenn wir auf Gott vertrauen? Sind vielleicht wirklich alle Dinge möglich dem, der glaubt, wie es in der Bibel heißt?

Jesus gibt nicht nur ein wenig dazu, er gibt die Fülle. Das merkt und spürt auch jeder, der sich heute mit ihm einlässt. Christsein ist keine brot-lose Kunst, sondern erfülltes, reich beschenktes Leben aus Gott.

**An der Geschichte von der Speisung der 5000 werden einige Punkte ganz wichtig:**
> Jesus hatte zuvor die Jünger ausgesandt und sie hatten in Gottes Kraft und Namen Menschen geheilt und von Dämonen befreit. Gewaltige Taten! Was hatten sie anderes getan, als ihre „fünf Brote und zwei Fische", ihre Zeit, Kraft, Gaben Gott hinzugeben und er machte aus dem, was sie bereit waren einzusetzen, die Fülle. Jesus erwartet keine Walfische von dir, aber er erbittet das von dir, was du geben kannst, um daraus jene Fülle zu machen, die satt macht. Oh, Jesus hätte auch aus Nichts Alles machen können, aber er wollte ganz bewusst die Jünger mit einbeziehen in sein Werk. Bist du bereit, deine Gaben und Möglichkeit Gott zu geben, damit er daraus die Fülle macht?

> Trotz der gewaltigen Erfahrungen, trotz aller Heilungen und Wunder können die Jünger schwer glauben, dass nun doch auch die Versorgung der 5000 Leute für Gott nicht zu groß sein kann. Sie zweifeln. Komisch oder ganz normal? Ich habe es manches Mal erfahren. Da habe ich eben noch hautnah Gott am Werk gesehen und Großes erlebt, aber schon im nächsten Augenblick stolpere ich über eine Kleinigkeit und kann nicht glauben, dass Gott auch das kann, sondern beginne zu zweifeln. Gerade noch Berge versetzt und nun stolpert man über einen Maulwurfshaufen!

> Eine grundlegende Frage in allem umfließt den Text: Wer ist Jesus? Diese Frage ist absolut entscheidend. Seien wir nicht zu vorschnell mit einer Antwort. Wer ist Jesus wirklich für dich? Kurz vor der Speisung der 5000 ist es der Landesfürst Herodes, der sich diese Frage stellt: Wer ist dieser Jesus? Johannes der Täufer konnte es ja nicht mehr sein, den hatte er schon enthauptet, aber wer ist es dann? Kurz nach dem Speisungswunder ist es Jesus selbst, der seine Jünger fragt. Erst distanziert, dann persönlich. „Was sagen die Leute, wer ich sei?" - Hier können sie einfach wiedergeben, was sie gehört haben. Dann aber: „Und wer sagt ihr aber, dass ich sei?" Nun kann ich keinen zitieren, mich nicht auf das Bekenntnis eines anderen stützen. Ich bin gefragt. Wer ist Jesus für dich?

An dieser Frage entscheidet sich alles. Ist er nur ein netter Kumpel, nur ein Sozialreformer, nur ein Staatsfeind Nr. 1 oder ist er der Sohn Gottes, der Messias, dem alle Macht gegeben ist, im Himmel und auf Erden und auch in meinem Leben?

### Aufgaben für die Gruppenphase:

- Was sagen die Leute um euch her, wer Jesus ist / gewesen war? Was sagt ihr? Wer ist Jesus für dich?
- Habt ihr es schon einmal erlebt, dass Gott durch eure „Fische und Brote" (Gaben und Möglichkeiten) Menschen satt gemacht hat? Erzählt einander davon!
- Habt ihr es auch erlebt, dass trotz großer Erlebnisse mit Gott plötzlich wieder der Zweifel da war? Wie kann man dem begegnen?
- Wie möchtest du persönlich deine Gaben und Möglichkeiten Gott noch mehr zur Verfügung stellen, um mit ihm das Gesicht dieser Welt zu verändern?

## 5.2 Andachten und Entwürfe

### Wie schmeckt der Tod?

Hebr 2,9: *„Denn durch Gottes Gnade sollte er für alle den Tod schmecken."*
Jesus hat den bitteren Geschmack des Todes auf sich genommen. Wer ihm folgt und sich auf seinen Tod beruft, wird diesen Tod nicht mehr schmecken (Mt 16,28).

### Gedanken zum Abendmahl

Psalm 34,9: *„Schmecket und sehet, wie freundlich der Herr ist."*
„Blut geben - rettet Leben" - dieses Motto stand auf den Plakaten, die zur Blutspende einluden. Das passt zu keinem besser als zu Jesus Christus, der am Kreuz von Golgatha sein Blut gab, damit alle, die an ihn glauben, gerettet werden. Dieses Blut wäscht uns rein von aller Schuld, ist das Lösegeld, das uns von der Macht der Sünde freikauft.
Tod, wo ist dein Sieg? Tod, wo ist dein Stachel? - Der Tod hat nicht länger Macht uns festzuhalten, sondern durch das Blut des Einen sind wir rein gewaschen. Wie einst Josua sein Volk in das Gelobte Land führte durch den geteilten Jordan, so dass das Volk trockenen Fußes in das verheißene Land gehen konnte - so hat Jesus den Todesfluß zerrissen und geteilt. Wer ihm folgt, der geht zwar noch durch den

Tod, aber er ist nur ein Übergang in das verheißene Land. Der Tod ist geteilt durch Jesus - wer ihm folgt, dem kann der Tod nicht einmal mehr die Füße nassmachen. Der Weg Jesu ans Kreuz ist die große Loveparade Gottes.

*Josua und Jesus - eine Wurzel - ein klares Motto: Gott rettet (Blut geben - rettet Leben)*

*Tod, wo ist dein Stachel? Tod, wo ist dein Sieg?* - Ich war 10 Jahre alt und es war Karfreitag. Ich mochte diesen Tag nicht so sehr, weil er mir immer so schrecklich traurig vorkam, so dass ich versucht war, immer allen Besuchern des Gottesdienstes mein Beileid zu wünschen, so als gäbe es das Osterfest gar nicht.
An diesem Karfreitag stach mich eine Biene - das kam nicht selten vor, da unser Nachbar Imker war. Heulend lief ich zu meiner Mutter, die schon immer die Gabe hatte, komplizierte Dinge ganz einfach zu machen. Sie tröstete meinen Schmerz mit den Worten: „Weißt du, dich hat die Biene zwar gestochen, und das tut weh, aber die Biene hat ihren Stachel jetzt verloren und stirbt. Ihr Stachel steckt in dir und kann keinem kleinen Kind mehr weh tun."
Der Stachel des Todes steckt in Jesus - Der Tod ist tot -, er kann keinen mehr töten, der sich auf diese Rettung durch Jesus beruft.

Abendmahl ist ein Erinnerungsfest. Erinnert euch an das, was Jesus getan hat, und freut euch an der Befreiung durch Jesus. Lass es zu, dass Jesus dir damit dient, für dich gestorben zu sein - und versuch nicht dich selbst zu retten. Berufe dich auf Jesus - nicht auf dich!
Wir dürfen auch immer wieder neu frei werden von allem, was uns von Gott, dem Lebensimpuls unseres Lebens wegtreiben will. Wir dürfen ihm unsere Schuld, unsere Wunden, unsere falschen Gedanken, Worte und Werke bringen. Das Abendmahl lädt mich ein, Klarschiff zu machen vor Gott in dem festen Wissen, dass keine Schuld größer ist als die Vergebung durch Jesus.

1. Johannes 1,5-9: *„Und das ist die Botschaft, die wir von ihm gehört haben und euch verkündigen: Gott ist Licht und in ihm ist keine Finsternis. Wenn wir sagen, dass wir Gemeinschaft mit ihm haben, und wandeln in der Finsternis, so lügen wir und tun nicht die Wahrheit. Wenn wir aber im Licht wandeln, wie er im Licht ist, so haben wir Gemeinschaft untereinander, und das Blut Jesu, seines Sohnes, macht uns rein von aller Sünde. Wenn wir sagen, wir haben keine Sünde, so betrügen wir uns selbst, und die Wahrheit ist nicht in uns. Wenn wir aber unsere Sünden bekennen, so ist er treu und gerecht, dass er uns die Sünden vergibt und reinigt uns von aller Ungerechtigkeit."*

**Zeit der persönlichen Aussprache mit Gott**

*„Der Herr Jesus, in der Nacht, da er verraten ward, nahm er das Brot, dankte und brach's und sprach: Das ist mein Leib, der für euch gegeben wird; das tut zu meinem Gedächtnis. Desgleichen nahm er auch den Kelch nach dem Mahl und sprach: Dieser Kelch ist der neue Bund in meinem Blut; das tut, sooft ihr daraus trinkt, zu meinem Gedächtnis.*
*Denn sooft ihr von diesem Brot esst und aus dem Kelch trinkt, verkündigt ihr den Tod des Herrn, bis er kommt."*

*Gebt einander das Brot: Christi Leib für dich gegeben.*
*Gebt einander den Wein: Christi Blut für dich vergossen.*

**Bei der Weitergabe:**
1. Johannes 4,9.10: *„Darin ist erschienen die Liebe Gottes unter uns, dass Gott seinen eingeborenen Sohn gesandt hat in die Welt, damit wir durch ihn leben sollen. Darin besteht die Liebe: Nicht, dass wir Gott geliebt haben, sondern dass er uns geliebt hat und gesandt seinen Sohn zur Versöhnung für unsere Sünden."*

Römer 8,31-34.38-39
*„Ist Gott für uns, wer kann wider uns sein? Der auch seinen eingeborenen Sohn nicht verschont hat, sondern hat ihn für uns alle dahingegeben - wie sollte er uns mit ihm nicht alles schenken?*
*Wer will die Auserwählten Gottes beschuldigen? Gott ist hier, der gerecht macht. Wer will verdammen? Christus Jesus ist hier, der gestorben ist, ja vielmehr, der auch auferweckt ist, der zur Rechten Gottes ist und uns vertritt.*
*Denn ich bin gewiß, dass weder Tod noch Leben, weder Engel noch Mächte noch Gewalten, weder Gegenwärtiges noch Zukünftiges, weder Hohes noch Tiefes noch eine andere Kreatur uns scheiden kann von der Liebe Gottes, die in Christus Jesus ist, unserem Herrn."*

Epheser 3,14-17: *„Deshalb beuge ich meine Knie vor dem Vater, der der rechte Vater ist über alles, was da Kinder heißt im Himmel und auf Erden, dass er Euch Kraft gebe nach dem Reichtum seiner Herrlichkeit, stark zu werden durch seinen Geist an dem inwendigen Menschen, dass Christus durch den Glauben in euren Herzen wohne und ihr in der Liebe eingewurzelt und gegründet seid."*

**Gebet**

## 5.3 Spiele

### Geschmackstest

Verschiedene Sorten „Nuss-Creme" (z. B. Nutella, Nuspli usw.) müssen am Geschmack erkannt werden. Andere Möglichkeiten: Cola-Sorten, Chips-Sorten, Zahncreme-Sorten, Ketchup-Sorten usw.

## 5.4 Workshops und Seminare

### 5.4.1 Weinprobe (für ältere Teilnehmer)

Gerade wenn eure Freizeit in ein Weinland geht, bietet sich natürlich eine Weinprobe an. Lasst euch von einem echten Weintester erklären, woran man einen guten Wein erkennt und wie man es schafft, Weine auf ihre Qualität hin zu testen.

### 5.4.2 Teste deine Geschmackssinneszellen auf der Zunge!

Deine Zungenoberfläche ist nicht an jeder Stelle gleich empfindlich für die vier verschiedenen Geschmacksqualitäten. Bittere Stoffe werden vor allem am Zungengrund, saure und salzige an den Rändern, süße an der Zungenspitze wahrgenommen.

**Mach eine Empfindungslandkarte für deine Zungenoberfläche!**

Am besten tupfst du die Geschmacksstoffe mit einem Pinsel auf die verschiedenen Regionen deiner Zunge. Macht den Versuch auch zu zweit. Einer konzentriert sich ganz auf's Schmecken, er/sie weiß aber nicht, womit der Pinsel gerade getränkt ist.

Salz und Zucker sowie Zitronensaft oder Essig sind in jedem Haushalt, stellt von allem eine eindeutig schmeckende Lösung her, Bitterstoffe erfordern etwas mehr Planung. Es gibt sie selten pur. Wegen ihres unangenehmen Geschmacks werden sie meist mit anderen, die Bitterkeit mildernden Stoffen kombiniert, häufig mit Zucker. Ein Probefläschchen Magenbitter oder Bittermandelöl sind geeignete Substanzen.

### 5.4.3 Limonadentest

Fülle zwei Gläser mit einer zuckerhaltigen Limonade. Stell' ein Glas davon für eine Stunde in den Kühlschrank. Trinke danach aus beiden Gläsern. Was ist der Geschmacksunterschied?

Die warme Limonade schmeckt süßer. Mit steigender Temperatur werden mehr flüchtige Stoffe aus den Speisen freigesetzt. Speisen schmecken daher warm aromatischer.

### 5.4.4 Mögliche Seminarthemen

- **Ess-Störungen sind bei Jugendlichen oft ein Thema (Bulimie, Magersucht).** Im Rahmen eines Freizeitseminars sollte man auf die Gefahren eingehen und den Teilnehmern vermitteln, dass ihr Wert nicht von ihrer Taille abhängt, sondern von der Einzigartigkeit und dem Adel, den Gott ihnen verliehen hat.

- **Auch das Thema „Alkohol"** kann aufgegriffen werden, insb. die neue Problematik mit den sog. Alkopops (Mischgetränke mit Alkohol).

- **Fasten:** Wann, wo und wie? Wieso ist in der Bibel so häufig die Rede davon und welche Bedeutung hat es heute?

# 6. Zwischen Sinn und „Sin“ des Lebens

## 6.1 Bibelarbeit konkret: Knapp daneben ist auch verfehlt

**Zielaussage:** Sünde (engl. „sin“) bedeutet Zielverfehlung, Jesus aber macht dein Leben sinnvoll und reich und führt dein Leben zum Ziel.

**Möglicher Ablauf:**
1. Lieder
2. Spiel: Hausbau mit Bausteinen (Jenga) oder Karten
3. Lied
4. Verkündigung
5. Gruppenphase mit Fragen
6. Ergebnisse der Gruppen „sichtbar“ machen, z.B. auf Plakate, Flipchart
7. Ergebnissicherung: Das nehme ich mit!
8. Zum Mitnehmen: Baustein mit eingebranntem Vers
9. Gebet

### Verkündigung

*(vorher als Video gedreht: Der Nationalheld Wilhelm Tell versucht verzweifelt, seinem Sohn den Apfel vom Kopf zu schießen. Leider erschießt er nicht nur diesen Sohn, sondern nach und nach seine ganze Familie ...)*

Zugegeben, die Geschichte von Wilhelm Tell verlief wohl doch etwas anders. Wäre ja auch nicht ganz so heldenhaft gewesen. Das eigentliche Ziel war der Apfel - davon gehe ich zumindest aus. Dass er stattdessen die Söhne traf, ist eine klare Zielverfehlung (auf griech.: hamartias = Sünde). Zielverfehlung ist Sünde. Sünde ist also nicht das dritte Stück Torte, das ich mir noch irgendwie zwischen die Kiemen klemme, sondern Sünde ist die grundsätzliche Zielverfehlung des Menschen.

**Was ist das Ziel des Menschen?**

1. *Ein Längenziel:* Die Ewigkeit: Es ist Gottes Ziel und Sehnsucht, mit dir und mir

die Ewigkeit zu verbringen - bei ihm, dort wo die eigentliche Heimat des Menschen ist (Prediger 3,11).
2. *Ein Tiefenziel:* Das Leben mit Jesus ist kein oberflächliches Dahinvegetieren, sondern Leben mit Tiefgang und tragfähigem Fundament.
3. *Ein Breitenziel:* Gottes Ziel ist es mit veränderten Menschen, die seine Liebe in sich tragen, eine große Breitenwirkung zu erzielen, d. h. diese Welt zu verändern, zu heilen, zu trösten, zu vergeben, als Christ engagiert und motiviert diese Welt zu gestalten.

**Sünde ist Zielverfehlung, d. h.**
1. sich für Zeit und Ewigkeit dagegen zu entscheiden, mit Jesus zu leben und zu über-leben.
2. im Hier und Heute kein wirklich tragfähiges Fundament zu haben.
3. im Hier und Heute keine christlichen Werte aus der lebendigen Beziehung mit Jesus heraus zu leben.
Sünde meint nicht zuerst meine Lüge oder meinen Betrug - das sind Auswirkungen der Sünde. Die Sünde liegt viel tiefer, nämlich in der grundlegenden Trennung von Gott und von dem Weg, den er für mein Leben vorgezeichnet hat.

Man kann eben einen tollen, umfangreichen Aufsatz abgeben, aber dabei völlig am eigentlichen Thema vorbei geschrieben haben. Man kann sein Leben voll knallen und abfüllen mit allen möglichen Dingen und Terminen und dabei am eigentlichen Thema vorbei leben. Wie ist es, wenn dann das Urteil lautet: Thema verfehlt - 5!, wenn unsere Tagebuchseiten zwar vor Tinte tropfen, aber das Thema, das Gott für uns vorbereitet hatte, nicht darin vorkommt.
Am Anfang der Bibel steht noch eine großartige 1+ vor dem Leben der Menschen. Gott schuf den Menschen und es war sehr gut. Aber nach der Trennung des Menschen von Gott - was man allgemein als Sünden-Fall bezeichnet - ändert sich das grundsätzlich. Nun heißt es: Jeder Mensch, der ohne Gott lebt, lebt am Thema seines Lebens vorbei.
Das trifft nicht nur dich und mich, das ist der grundsätzliche Zustand des Menschen vor Gott. Es betrifft - all inclusive - alle Menschen: In Römer 3,23 steht: *„Alle Menschen sind Sünder* (also Leute, die an Gottes Plan vorbeileben) *und ermangeln des Ruhmes, den sie bei Gott haben sollten"* (logisch: wer nicht ins Ziel kommt, für den fällt auch der Ruhm flach).
Und es kommt noch deutlicher, direkter und schrecklicher. Römer 6,23: *„Der Sünde Sold* (also das Ergebnis eines Lebens getrennt von Gott) *ist der Tod"*. Damit ist übrigens nicht der „normale" Tod gemeint - sterben tun wir alle. Nein, damit ist der ewige Tod gemeint, die ewige Trennung von Gott, von seiner Liebe und

von seinem Licht. Diese Trennung beginnt schon jetzt, in diesem Leben. Der Prophet Jesaja sagt: *„Meint ihr, der Arm des Herrn sei zu kurz, um euch zu helfen, oder der Herr sei taub und könne euren Hilferuf nicht hören? Nein, sondern wie eine Mauer steht eure Sünde zwischen euch und Gott!"* (Jesaja 59,1-2). Diese Trennung betrifft uns alle. Wir stehen vor Gott in der Kreide und können nicht mal eben lässig sagen: Schwamm drüber - war nicht so schlimm! (Wenn möglich dieses Bild von Kreide und Schwamm auch praktisch durchführen.)
Darum ist Jesus gekommen - nicht um uns alle ein bisschen besser zu machen. Nicht um nur an den Auswirkungen der Sünde herumzudoktern und nette Ratschläge zu geben nach dem Motto: Streng dich halt ein bisschen mehr an, werde moralischer, werde disziplinierter! Nein, Jesus kam um uns radikal zu verändern, d.h. die eigentliche Wurzel (radix) unseres Lebens zu verändern.

**Wo liegt die Wurzel? Wo setzt Jesus an?**
Die Bibel benennt das Herz als Lebenszentrum des Menschen und hier setzt Jesus an.
Als die frommen Leute mit Jesus darüber diskutieren wollen, welche Speisen den Menschen unrein machen, da sagt Jesus: „Seid ihr denn so unverständig? Merkt ihr nicht, dass alles, was von außen in den Menschen hineingeht, ihn nicht unrein machen kann? Denn es geht nicht in sein Herz, sondern in seinen Bauch und kommt heraus in die Grube" (auf gut deutsch: ins Klo). Damit erklärte er alle Speisen für rein.
Und er sprach weiter: „Was aus dem Menschen herauskommt, das macht den Menschen unrein. Denn von innen, aus dem Herzen des Menschen, kommen heraus böse Gedanken, Unzucht, Diebstahl, Mord, Ehebruch, Habgier, Bosheit, Fiesheit, Ausschweifung, Neid, Lästern, Hochmut, Unvernunft. Alle diese Dinge kommen von innen heraus und machen den Menschen unrein."
Wenn eine Quelle giftiges Wasser abgibt, dann nützt es wenig, wenn wir die Symptome bekämpfen, wir müssen die Quelle verändern. Wenn ein Virus meine Festplatte auffrisst, dann nützt es wenig, hier und dort etwas herumzudoktern, dann brauche ich jemand, der diesen Virus zerstört.
Wenn ich ein Loch im Reifen habe, dann kann ich natürlich immer aufpumpen und fahren, bis die Luft wieder raus ist. Gott aber geht es um das Loch, das repariert werden muss, bevor der ganze Rahmen zerbricht.

Heutzutage stehen viele Menschen auf dem Schlauch, laufen auf dem Zahnfleisch. Was tun sie? Nun, viele bekämpfen nur die Symptome, die Auswirkungen mit Rauschmitteln und Medikamenten, aber die Ursache - vielfach eine tiefe Sinnkrise und Einsamkeit - verschwindet damit nicht.

Darum aber geht es Jesus immer wieder um unser Herz. Wilhelm Busch, nicht der von Max und Moritz, sondern ein genialer Pfarrer, sagte mal dazu: „ Machen wir eine Entdeckungsreise in unser eigenes Herz. Ich will ein Bild gebrauchen. Als Pfarrer im Ruhrgebiet habe ich oft Grubenfahrten gemacht. Das ist eine schöne Sache. Man bekommt einen Arbeitsanzug, setzt sich einen Schutzhelm auf, und dann saust man mit dem Förderkorb in die Tiefe. Zum Beispiel bis zur 8. Sohle. Geht's noch weiter? Ja, aber weiter fährt man nicht, denn ganz unten ist der Sumpf. Dieser Sumpf im Bergwerk ist mir zum Bild geworden für die Menschen. Sie wissen alle, dass es mehrere Sohlen in unserem Leben gibt. Wir können zum Beispiel äußerlich einen ganz fröhlichen Eindruck machen - aber innerlich sieht es ganz anders aus. So kann man lächeln - und doch todtraurig sein. So kann man tun, als meistere man spielend das Leben - aber ganz unten in unserem Seelenleben, auf dem Grunde unseres Herzens sitzt die tiefe Verzweiflung. So sagen die Ärzte, so sagen Philosophen, so sagen die Psychologen, so sagen die Psychiater. Davon reden die Filme, davon reden die Romane. Es ist unheimlich, wie Verzweiflung und Angst ab und zu hochsteigen. Mir sagte ein Psychiater: „Sie ahnen nicht, wie mein Sprechzimmer voll ist mit jungen Menschen." Doch die meisten fragen erst gar nicht, woher Verzweiflung und Angst kommen, sondern sie versuchen sie nur loszuwerden - durch Rausch. Aber es ist gescheiter, wenn man den Tatsachen ins Auge sieht."
Und nun die Königsfrage: Wie kann ich wirklich etwas verändern? Wie kann ich das Loch in meinem Herzen nicht einfach nur mit Rausch und allem möglichen Kram zustopfen, sondern heilen?

Ich habe neulich diesen grausigen Zeichentrickfilm „Die Schneekönigin" gesehen. Da ist ein Junge in der Gefangenschaft der Schneekönigin und sein Herz ist kalt geworden. Aber ein mutiges Mädchen will ihn retten und findet ihn schließlich: „Sie erkannte ihn, flog ihm um den Hals, hielt ihn fest und rief: „Kay! Lieber kleiner Kay! Da habe ich dich endlich gefunden!" Aber er saß still, steif und kalt. Da weinte die kleine Gerda heiße Tränen, die fielen auf seine Brust; sie drangen in sein Herz, tauten den Eisklumpen auf und verzehrten das kleine Spiegelstück darin. Er betrachtete sie und sie sang: „Rosen, die blühn und verwehen: Wir werden das Christkindelein sehen!" Da brach Kay in Tränen aus. Er weinte so sehr, dass das Spiegelkörnchen aus dem Auge schwamm. Nun erkannte er sie und jubelte: „Gerda! Wo bist du so lange gewesen? Und wo bin ich gewesen?" Und er blickte rings um sich her. „Wie kalt ist es hier! Wie ist es hier weit und leer!"
Viele Menschen sind wie der kleine Kay. Innerlich leer und kalt, nur einen Spiegel im Herzen, der nur sich selber sieht, nicht den anderen und nicht Gott. Jemand beschrieb einmal die Liebe Gottes wie einen glühenden Backofen. Gottes Liebe

hat die Kraft, die kältesten Herzen zu schmelzen und die kaputtesten Herzen zu heilen.
Wie bei der Gerda ist es Gottes große Sehnsucht, die Herzen der Menschen aufzutauen und offen zu machen für sein Reden. Madonna sang mal: „You are frozen, when your heart is not open!" Du bist innerlich erfroren, wenn dein Herz nicht offen ist. Du bist erfroren, wenn dein Herz nicht offen ist für die werbende und wärmende Liebe Gottes.
Wenn ein Virus meine Festplatte auffrisst, dann nützt es wenig, hier und da herumzudoktern, dann brauche ich einen, der diesen Virus zerstört, bevor er meine Festplatte (Herz) zerstört und sich auch in die Verbindungen, in mein Netzwerk frisst. Ich brauche einen, der wirklich hilft und nicht nur ein paar Schönheitsliftings an der Oberfläche durchführt.

Darum brauche ich Jesus, weil ich in Sachen „Herz" schnell an meine Grenzen stoße und einen brauche, der sich wie kein Zweiter mit mir auskennt. Wie gesagt: Ich kann hier und da meine Moral verbessern, meine Disziplin straffen, meinen Schweinehund überwinden und sämtliche Schatten überspringen - aber das ist es nicht. Es ist nicht mit ein bisschen Moralin getan - da ist mehr, da ist etwas Grundlegendes zerstört.
Jesus sagt: *„Ich bin gekommen, zu suchen und zu retten, was verloren ist."* Rettung - das ist sein Ziel. Aber wie geht das vor sich?

**Vielleicht ein Vergleich:**
In Matthäus 21 wird beschrieben, wie Jesus in seine Stadt Jerusalem kommt: unter riesigem Jubel, mit Palmenzweigen, mit ausgebreiteten Kleidern auf dem Weg, mit Jubelliedern. Yeah - Jesus kommt und übernimmt das Kommando! Ihr Römer, packt schon einmal eure Sachen, jetzt geht's rund, jetzt räumt Jesus auf! Netter Gedanke - aber völlig falsch. Zumindest räumt Jesus nicht mit den Römern auf. Stattdessen macht er sich auf in den Tempel und wirft um und hinaus, was dort nicht hineingehört, denn er sagt: „Dies ist ein Tempel Gottes, ein Platz, der Gott geweiht ist, der ausgerichtet sein soll auf Gott. Was habt ihr nur daraus gemacht?"
Darum geht er so „radikal" gegen die Händler und Geldwechsler vor. Für viele - insbesondere für die, die mit dem Handel ihren Reibach machen - ist er zu radikal und die Intrige wird gesponnen. Innerhalb weniger Tage wandelt sich das Blatt gegenüber Jesus und der eben noch umjubelte Herr wird zum „unerwünschten Subjekt", das man den Römern übergibt und kreuzigen lässt. Innerhalb von fünf Tagen wandeln sich die Hosianna!-Rufe in schmerzvolle Kreuziget!-Rufe, weil Jesus den Erwartungen der hohen Herren nicht entsprach.

Was hat das mit uns und unserem Leben heute zu tun? Viele nehmen Jesus in ihr Leben auf, sind ganz aus dem Häuschen und erwarten jetzt, Jesus werde schon alles und sofort beseitigen, was sie belästigt und belagert: halt unsere Römer, unsere Sorgen, unsere Belagerer, die uns das Leben eng und schwer machen. Wer oder was ist es bei dir? Vielleicht der Streit mit den Eltern, vielleicht der Mathe-Lehrer oder der Zoff mit der Freundin?
Doch Jesus ist anders. Seltsamerweise gilt nicht seine erste Sorge meinen Belagerern, meinen Sorgen, sondern meinem Tempel, dem Herz. Dort geht er direkt hinein. Und er schaut sich um und entdeckt - wie ein Virenscanner -, was mein Herz kaputtmacht und meine Beziehung zu Gott zerfrisst. Und er spricht: „ Du, dein Herz soll ausgerichtet sein auf Gott. Aber schau, was du daraus gemacht hast. In deinem Herzen tummeln sich so viele Dinge, die nicht in ein Leben hinein gehören, das auf Gott ausgerichtet ist." Und er geht mit uns durch die Räume unseres Herzens und fragt nach: „Wie steht es um dein Arbeits-/Schulzimmer - lebst du dort für Gott? Wie steht es um deinen Hobbyraum - lebst du auch in der Fußballmannschaft für Gott? Wie sieht es im Schlafzimmer aus - sind deine Beziehungen von Gott her gestaltet, und was liegt an Giftmüll und Alt-last im Keller, das längst einer Säuberung bedurfte?"

Nicht umsonst lesen wir ein Kapitel weiter vom höchsten Gebot: *„Du sollst den Herrn, deinen Gott, lieben von ganzem Herzen, von ganzer Seele und von ganzem Gemüt."* Warum steht da dreimal das Wort „ganz"? Vielleicht weil wir Menschen so versucht sind, halb-herzig zu leben? Gehört wirklich dein ganzes Lebenshaus, dein ganzes Herz Gott? Oder lebst du als Christ doch nur halbherzig? So ein bisschen Christ ja, aber doch nicht mehr. Einige Räume meines Hauses darf Jesus ja betreten, aber doch bitte nicht alle!
An dieser Stelle entscheidet sich unser Christsein. Werfen wir Jesus aus unserem Leben und Herzen, weil er unsere Erwartungen nach schneller Beseitigung unser oberflächlichen Probleme enttäuschte? Weil er uns zu nah kam, zu persönlich wurde und zuviel wollte?

Oder lassen wir Jesus halbherzig noch in uns leben, aber letztlich ohne echte Bedeutung, die unser Christsein lebendig macht, eher formal, um das Christliche nicht ganz abzustreifen? Oder überlassen wir Jesus wirklich ganz unser Herz und bitten wie einst David (Ps 51,12-14) um ein neues, reines Herz?

### Aufgaben für die Gruppenphase:

- **Mal angenommen:** Du feierst deinen 40. Geburtstag und lädst aus allen Bereichen deines Lebens Menschen ein. So kommen Leute aus deinem Beruf, auch alte Schulkameraden, Mannschaftskollegen vom Sport, persönliche Freunde und Familienmitglieder. Je einer von ihnen hält eine Rede darüber, wie er dich erlebt hat und was ihn an dir fasziniert. Was wünschtest du dir für jeden einzelnen Bereich, was die Leute über dich und dein Leben sagen sollten?
- **Male dein Wappen:** Versuche einmal dein persönliches Wappen zu malen. Welche Symbole, welche Farben würden ausdrücken, was du in diesem Leben sein und erreichen möchtest?
- **Es ist der letzte Tag der Freizeit/Themeneinheit.** Was möchtest du heute für dich und vor Gott entscheiden? Sprich darüber unbedingt noch heute mit jemandem und bitte ihn mit dir darüber zu beten. Wenn du magst, kannst du dir auch selbst einen Brief schreiben, in dem du niederschreibst, was dir am Ende der Freizeit wichtig wurde. Dein Jugendleiter kann dir den Brief dann ein paar Wochen später zuschicken. Dann kannst du selbst sehen, wie weit diese Gedanken dich durchgetragen haben oder wo du neu beginnen musst.

## 6.2 Andachten und Entwürfe

**Der Staubsaugerbeutel:** Wie voll ist dein Staubsauger-Herz? So voll, dass der Motor nur noch brummt und du gar nichts mehr aufnehmen kannst? Was steckt alles drin und verstopft den Filter? Gott will dir ein neues Herz geben!

**Der volle Schwamm:** Ein voller Schwamm ist schwer und nicht mehr aufnahmefähig. So mag es auch manchem Herzen gehen, das sich danach sehnt, sich „ausdrücken" zu können.

**Das Gefäß mit Knackpunkt:** Ein Gefäß, das einen Knackpunkt hat (ein Loch im Boden). Wenn wir dort etwas hineingießen, rauscht es nur durch und kleckert durch das Loch raus. So geht es uns Menschen, wenn unsere kaputte

Beziehung zu Gott nicht geheilt wird. Wir können noch so viel in unser Leben hineinpacken, es rauscht durch und „erfüllt" unser Leben nicht.

## 6.3 Spiele

### Blutkörper-Spiel

Unterschiedliche Blutkörpergruppen werden gebildet. Da gibt es die weißen und die roten, aber auch die bösen Viren, dargestellt durch rote, weiße und schwarze Luftballons. Die Aufgabe besteht darin, dass die roten Luftballons in einen bestimmten Sack geprellt werden müssen (ganze Zeit hochhalten), ebenso die weißen in einen anderen Sack. Sie müssen allerdings gemeinsam verhindern, dass sich die Viren-Luftballons einschleusen und in die Säcke kommen, sondern müssen gemeinsam alle Viren zerstören. Wer am Ende die meisten Ballons, aber die wenigstens Viren hat, hat gewonnen.

### Sünde überbrücken

Die Trennung von Ufer zu Ufer muss überbrückt werden. Dafür legt sich ein erster Teilnehmer einer Gruppe lang hin Richtung anderes Ufer. Ein Zweiter klettert über ihn rüber, ohne den Boden zu berühren, und hängt sich an ihn ran. Ein Dritter folgt usw., bis schließlich die Trennung überwunden ist.
Die Trennung kann auch mit Dosen überwunden werden. Pro Gruppe gibt es einen Spieler und zwei Dosen, die groß genug sind, um darauf stehen zu können. Der Teilnehmer muss jetzt auf eine Dose steigen, die andere vorsetzen und wechseln usw., bis er am anderen Ufer angekommen ist.

### Kartenhäuser

In Teams werden Kartenhäuser nach Zeit gebaut. Wer am Ende der Zeit die meisten Stockwerke gebaut hat, hat gewonnen (frei nach Mt 7,24-29). Natürlich auch mit Bausteinen (Jenga) durchführbar.

### Eisbrecher-Spiel

Frei nach der Schneekönigin. Jede Gruppe erhält einen Eisbottich, in dem Puzzleteile eingefroren sind. Mit ihren heißen Tränen (heißes Wasser) oder mit ihrer Körperwärme müssen sie es auftauen und dann das Puzzle zusammenbauen.

## 6.4 Workshops und Seminare

### 6.4.1 Gedichte und Lieder schreiben

Versucht einmal in Worten und Melodien auszudrücken, was für euch der Sinn der Lebens ist.

### 6.4.2 Tonarbeit

Versucht einmal aus Ton herzustellen, was für euch den Sinn des Lebens darstellt.

### 6.4.3 Mögliche Seminarthemen

- **Wie entdecke ich den Sinn meines Lebens?**
- **Welche Ziele kann ich mir als Christ setzen?**

# Arbeitshilfen für Jugend- und Hauskreise
## BORN-VERLAG - www.born-buch.de

**EDITION ENDEAVOUR Themen**
**High Noon**
**Stunde der Entscheidung**
8 Entwürfe zu verschiedenen Aspekten des Christseins und -werdens.
14,8 x 21 cm, geheftet, 88 Seiten
**Euro (D) 4,95**/sfr 9,90/Euro (A) 5,10
Bestellnummer 182.348

**EDITION ENDEAVOUR Basics**
**Mentoring**
7 Einheiten: Hintergrundwissen und viele praktische Informationen, wie Mentoring umgesetzt werden kann.
14,8 x 21 cm, geheftet, 80 Seiten
**Euro (D) 4,95**/sfr 9,90/Euro (A) 5,10
Bestellnummer 182.354

**EDITION ENDEAVOUR**
**Auftrag und Weg**
**Die Zeitschrift für Mitarbeiter**
Mit jeweils 13 Stundenentwürfen, zahlreichen Impulsen zu einem Thema sowie Grundlagen und Hintergründen eine praktische und fortbildende Hilfe für Mitarbeiter. Die Stundenentwürfe orientieren sich an der täglichen Bibellese.
erscheint 4x pro Jahr
**Euro (D) 9,95** zzgl. Versandkosten

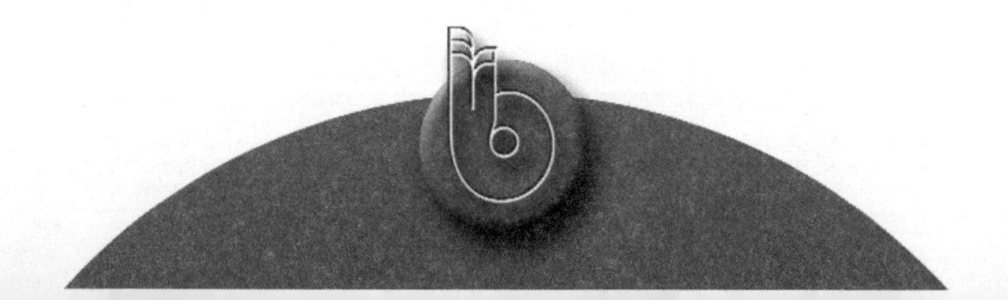